D1521673

Ô MALHEUREUSE

Ô MALHEUREUSE

French Writings
by Louisiana Women

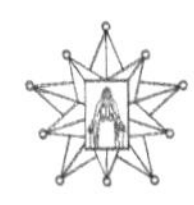

edited by

ASHLEE WILSON MICHOT

UNIVERSITY OF LOUISIANA AT LAFAYETTE PRESS

Library of Congress Cataloging-in-Publication Data

Name: Michot, Ashlee Wilson, 1981- editor.
Title: Ô Malheureuse: A Collection of French Writing by Louisiana Women
Edited by Ashlee Wilson Michot.
Description: Lafayette, LA: University of Louisiana at Lafayette Press, 2019.
In French with English translation.
Identifiers: LCCN 2019030003 | ISBN 9781946160546
Subjects: LCSH: French-American literature--Louisiana. | French-American literature--
Women authors--Louisiana | French-American literature--20th century.
French-American literature--Louisiana--Translations into English.
Classification: LCC PQ3937.L8 O53 2019 | DDC 840.9/928709763--dc23
LC record available at https://lccn.loc.gov/2019030003

http://ulpress.org
University of Louisiana at Lafayette Press
P.O. Box 43558
Lafayette, LA 70504-3558

Cover design by Michelle Verret Johnson and Megan Barra
Hand embroidery by Michelle Verret Johnson
Additional editing by Erin Segura

I dedicate this book to our matriarchs,
especially mine,

Barbara Joan Alexander Eastin
Marianne Williams Wilson
Kathleen Eastin Soileau
Patricia Smith Michot
Alice Doucet Soileau

Ô l'amour, elle est joyeuse.
Ô l'amour, elle est trompeuse.
Oui c'est moi la délaissée.
Ô oui c'est moi la malheureuse.

– LUNÉDA COMEAUX

DEFINITION

malheureuse [malørøz]
adjectif et nom, feminine de malhereux
adjective and noun, feminine of unhappy

Elle qui n'est pas heureuse, qui n'est pas favorisée par la nature,
les circonstances ou le destin.
She who is unhappy, who is not favored by nature, circumstances or destiny.

EXAMPLES:

Malheureuse rappelle toi ca t'as fait avec moi, chère.
"L'anse des Belairs" *Dennis McGee and Earnest Fusilier*

Mais, gardez-donc, malheureuse, ennuyeuse,
Mais, comment-donc tu vas faire, mais, moi tout seul, malheureuse.
"Vous M'Avez Donné Vôtre Parole" *Dennis McGee*

Malheureuse, si t'écoutes ton papa et après ta maman,
Tu s'ras jamais heureuse.
"*The Criminal Waltz* (La Valse Criminale)" *Leo Soileau and Mayuse Lafleur*

He, chère catin, malheureuse,
Tu connais moi j't'aime avec tout mon coeur, malheureuse.
"Tante Aline" *Amédé Ardoin*

TABLE DES MATIÈRES

INTRODUCTION

The *Ô Malheureuse* project was born organically over years and out of a void that I perceived in the availability of women's Louisiana French literature. I understood that if our unique language is to survive there must be more creation in Louisiana dialects with a special emphasis placed on women's representation in those writings.

As my own French literacy improved I noted that there were limited resources in Louisiana French and, of those, disproportionately more male artists whose work was accessible.

Yet I was intrigued by the women's writings I did encounter, such as those of Sidonie de la Houssaye, Mary Alice Fontenot, Deborah Clifton, and the research of Amanda Lafleur Giambrone and Ann Allen Savoy. In their candid and respectful treatment of the language and in their pioneering representation, I recognized that I too could write in French and help sustain the culture of the place I love.

The *Prairie des Femmes* blog, named after the area where I live with my family, began in 2012 as a means to document life as a bilingual Louisiana woman in the near wilderness of rural Saint Landry Parish. The idea of a women's collective in the history of the *lieu-dit Prairie des Femmes* (Prairie of the Women) has been part of the blog since its inception. My photograph collection of local Mary statues is part of this visualization of a collective of faithful Louisiana women. The statues represent this ancient reverence for the feminine that still exists in South Louisiana. It is as pervasive as it is unquestioned.

The Prairie des Femmes and all of the women's wisdom she held became a *maris stella* above the virtual and physical landscape of the prairie. Her beacon led me to a way of sharing the fruits of this wild garden. In early October 2018, I put out an informal call across my social media platforms expressing a want to feature women who write in Louisiana French dialects. I hoped to bring visibility to these writers in an effort to balance the space I had been raised in, one in which men's perspectives were the model. I knew that everyone has a role in the continuation of his or her culture. It exists only because we carry it. And while it is often the women of a culture who first teach the language and folkways to the children, the entire culture can learn and be sustained if they too can hear her words.

This idea of balance in our culture, or any culture for that matter, is not new. In the faith healing traditions of Louisiana's *traiteurs*, the continuation of the prayers is usually passed from one gender to the other (female to male, etc.) Perhaps this is a way to ensure an equal distribution of male and female healers in the community so that all can be healed.

The *Ô Malheureuse* project came at a time when I may have been in need of healing. Standing at the intersection of motherhood, artistry, career, and old and new paradigms, I gave way and decided to use the momentum to propel others. The project came from a quiet place of my own lamentations about being an artist, mother, and musician. I grieved the knowledge that the language I sing to my children in may indeed fade despite all of our good efforts. I viewed the role of women as integral to this cultural survival and recognized the imbalance in the public space given to women writers and artists in our culture. At the core of the project I asked myself: how can artists give visibility to the marginalized? And more importantly, how many women currently write in Louisiana French?

It was a chance meeting with Debbie LaGrange in Arnaudville one afternoon that confirmed that there are more women writing than were known for it. They are poets and ghostwriters in the landscape of their Louisiana heritage, but so often their writing remains unseen – women like my long-time mentor, Sylvia David Morel, who has written in her unfettered vernacular across her life, to my best friend of twenty years Mandy Migues' poetry about her *Prairie Greig*. I knew that there was a need for their work to be unified and their perspectives honored as an integral part of our culture.

Ô Malheureuse

As a woman who absorbed much French language from her hometown radio station, and who gained more familiarity with the older music though my husband's influence, I was struck at how many times the expression "*malheureuse*" was used in the French lyrics. "Oh unhappy woman!" In the more than sixty songs I collected for this project, *malheureuse* is used over 120 times. In Dennis' McGee's "Mon Chère Bebe Creole" it appears nine times. In the songs it is a call, lament, rhythmic improvisation, adjective and, most often, direct appeal to the chère 'tite fille in question.

With the *Ô Malheureuse* project, we look back over a century at the quality and content of our popular music and ask what messages have survived. Furthermore, we ask: What will survive for our sons and daughters into the next century? The popularity of the word *malheureuse* and words like it stand as a reminder that what survives of our popular culture has been so saturated by the male voice that much of what remains is the male perspective, at the expense of the feminine complement. But, thanks to the music, we know a great array of colorful stories and synonyms for women, such as *catin*, *crimielle*, *chère bassette*, *ti monde*, *joli coeur*, and *fille jeunette*, just to name a few.

This subject matter is the nature of love and of songwriting; however, I view this imbalance in the male and female voices' representation as both a symptom of the decline of Louisiana French language and culture and a reflection of women's place in our public spaces. For decades we have heard about the decline, and we see that it is slow and comes in stages despite resurgence efforts. I see the void left by the lack of visibility of women writers as a grave warning in the decline, but one that can be corrected.

The imbalance may stem from social norms and strict gender roles put on women, as well as the loss of traditional ballad singing replaced by male bands at the *fais do-do*. Ballads sung by both men and women telling stories of love and tragedy sung at community gatherings once had a bilingual audience, but as these traditions faded and were replaced by amplified or acoustic bands, men continued the music and musical dialogue most often in public. Women also were discouraged from performing in public unless they were chaperoned. Solange Marie Falcon expresses a perspective known by Louisiana *musiciennes*:

"In them days…if a woman was with a band, they didn't think you was…too much. But she's (Cleoma Falcon) with her husband, and I'm with my uncle and aunt and father on the bandstand, so they can't say nothin'."

I am a musician's wife and a musician's daughter, but as a female Cajun musician, my path to this vocation was not always clear or accepted. The way for women like me has been paved by Cleoma Falcon, Eva Touchet, Queen Ida, Rosie Ledet, and the envelope pushed in the last few decades by women musicians and by all-women or women-led bands like *Bonsoir, Catin*, and the Magnolia Sisters. As a woman and musician, I have often encountered and challenged these prohibitions and stereotypes within our culture, but I still prefer to play music next to my husband.

By choosing the title *Ô Malheureuse* we reclaim the word and the archetype it represents. Who was *la malheureuse*? Perhaps she is another Evangeline, Jolie Blonde, Mary Magdelene, or Mary Mother of Jesus whose own heart was pierced by a sword. Perhaps she really is an embodiment of the unhappy woman, the misfortunate one, the unattainable, wild woman, the woman who is mysterious and difficult to control. Perhaps she is also the woman who can heal herself independently of men and society. Because of the lack of information in the canon of our popular music, she is a misunderstood woman and that is only because she is silent. Women in their best environment bloom with vivid inner lives, but *la malheureuse* represents a woman who is loyal to her family to the point of breaking her own creative urges. Still she flourishes. Instead of seeking public recognition, she pours her creativity into children, family, and friends, into others. In her sacrifice she still sustains. This selfless giving is the essence of who we as women are and who *la malheureuse* is.

It has been said that our Louisiana culture survives because of our *joie de vivre*, our magnificent food, unique music, abundant festivals, or our *bon temps* attitude. While these are integral expressions of who we are, I believe the real reason we thrive is because of the quality of our women and the honor their role is given. Somehow our culture has retained an instinctual reverence for the feminine, which is, at the same time, strong as a live oak and fragile as a wild iris. Louisiana French language and culture has survived because of the strong women who are our first teachers and who have patched together their culture and passed it on like heirloom *courte-pointes*. Where would we be without the clans of mothers, nannies, aunts, sisters, cousins, and friends supporting us? Without our grandmothers praying the rosary for us daily? The role of women as life-givers, storytellers, song writers, memory-keepers, weavers, healers and poets is integral to my work with Prairie des Femmes and is a legacy I hope will continue to inspire more women to write.

Ô Malheureuse is a collection of French writing by Louisiana women.

ASHLEE WILSON MICHOT
AUGUST 1, 2019
PRAIRIE DES FEMMES, LOUISIANA

La vie d'une pauvre malheureuse

ETHEL MAE BOURQUE

Équand moi j'étais énée longtemps passé
Avec des grands cheveux noirs
Des yeux marrons comme des socos
Équand moi j'étais énée, longtemps passé
Moi, j'étais la chère jolie 'tite fille à mon papa.
Pas du tout ce lui il avait besoin
Mon cher papa c'était un pauvre récoltier
Et si mon papa a désiré un 'ti garçon
Moi j'ai sûr jamais attendu cil-là montrer.
Moi et mon papa et mon cher 'ti frère Jess
On a fait la chasse et on l'a pêché
On a piégé au long du Bayou Vermilion
Pour faire une vie,
La vie des pauvres malheureux.
Moi j'suis plus mon Papa au long du Bayou Vermilion
Je suis mon vieux chien Speck
On traverse des cherokees
On traverse des éronces
Et on traverse des marais
Pour faire une vie
La vie d'une pauvre malheureuse.

Ethel Mae Bourque (1933-2011) was the daughter of Sidney Bourque

Comme un papillon

SYLVIA MOREL

Empêchée de s'exprimer
Elle est tenue comme prisonnier,
Désolée, son cœur lourd,
Ses cris tombent sur les oreilles sourdes,
Sans défense, sans d'espoir,
Habillée en gris et noir,
Mais, en sortant de sa prison,
Libre, sauve, comme un papillon,
En toutes couleurs, elle est habillée,
Elle étende ses ailes,
Et son cœur chante!
À la fin! Elle peut voltiger!

C'est si triste sans lui

MEGAN BARRA

Sur sa guitare en bois
Les notes et la mélodie s'entrelacent
Et résonnent une prière qu'il reviendra
Par des pétales de fleurs métalliques

Avec l'aiguille et le fil de soie,
Les boutons et les soufflets
Elle chante une promesse qu'elle l'attendra
Elle joue une chanson mélancolique

Shakespeare, survie, vanille

MAGGIE PERKINS

Une mer anglophone
Une mère anglophone
C'est meilleur en anglais
C'est mes erreurs anglaises
Ça me sert à quoi, l'anglais
À part Shakespeare et la survie?
Faulkner c'est bien, mais en anglais
On attend un tas de menteries
comme:
"You'll confuse them. You'll hold them back..."
et
"We have room for but one language in this country."

Ça laisse un mauvais goût, ça
Même si chez Faulkner il y a
une vérité éternelle, éblouissante
Je peux trouver cette même profondeur
dans le mot "calimatcha"
Et le calimatcha a un meilleur goût
Mais le coût?
Ça coûte bien cher aujourd'hui
Les ingrédients : du riz, de la viande, de la trinité…
et 5 ans de ta vie à apprendre à parler français.
C'est plus cher que le safran, ça
Plus cher que la vanille

"Calimatcha," also called "galimatias," is the name of a rice and meat dish. It is not the sort of thing you would see on a restaurant's menu, but it is the sort of quick meal women like my mother made for their families on a busy evening.

La vieille fille (Fais l'amour ou fais la guerre)

MAGGIE PERKINS

Je vas pas à Lafayette
Je vas pas changer mon nom
Je suis la jolie blonde de personne
Je suis même pas blonde
Je suis ni malheureuse ni criminelle
À 5 pieds 8 pouces je suis trop grande
Pour être une chère bassette
Et rendue à mes 30 ans, je crois que mes parents seraient
contents de voir proche n'importe quel bougre à mon côté
(Quand même, pour moi,
n'importe quel bougre va pas faire l'affaire,
clairement)
Non, je fais pas de misère
et je fais pas d'accord
Mais
je fais ça que je veux
C'est pas si triste sans lui
Et quand même que j'auras jamais ma revanche du berceau
Et quand même que mon corps sera dessous un tombeau
Avec ma langue morte dans ma bouche morte
Je vas passer la balance de mes jours sur cette terre
après répéter
parmi toute cette cacophonie anglaise:
Vous-autres en a eu,
Vous-autres en aura p'us.

Une demande à la prairie

SANDY HÉBERT LABRY

Pendant les années soixante-dix et quatre-vingts, j'habitais la ville d'Eunice située sur une prairie qui s'appelle Faquetaïque, un mot indien. Pendant ce temps-là j'ai fait une visite à Dennis McGee, un vieux violoniste. Dennis m'a raconté une histoire de sa jeunesse. Il a dit que la veille de Noël il se joignait avec les autres jeunes hommes pour rouler de voisin à voisin sur la prairie et boire un coup avec chaqu'un. À chaque maison, après avoir vidé la bouteille, ils prenaient l'homme de la maison avec eux. Et quand le soleil se levait le jour de Noël, il y avait une grosse bande d'hommes, à peu près soixante, il m'a dit, soixante hommes saouls, sans doute.

Belle Prairie
Faquetaïque,
Au début du siècle passé
Tu étais témoin d'une histoire
Que vieux Dennis McGee m'a racontée

Un pont pour le plancher
On a dansé comme des putains
Au-dessus des bayous et des coulées
Juste des hommes, pas de femmes
Les talons des bottes cognants
Contre le bois de cypre
Les bras ouverts pour laisser échapper
Les misères de nos cœurs
Pour lâcher nos soucis au vents d'hiver
Accompagnés par la musique de nos violons

On était joyeux
On était saouls
Cette grosse bande d'hommes
Presque tous des fermiers
Roulants de voisin à voisin
Sur la prairie
Buvants des gobelets de vin
Chantants et dansants
La veille de Noël
Jusqu'à l'aube le lendemain

Belle prairie mammouth,
Où sont-ils maintenant, ces hommes?
Sûrement,
Ton terrain
Est assez large
Pour garder leurs os
Mais ton ciel,
Belle prairie,
Est absolument trop petit
Pour tenir leurs esprits

Donc, où sont-ils maintenant,
Ces hommes qui ont dansé Noël
Jusqu'à l'aube?

Être catholique à la ville platte

SANDY HÉBERT LABRY

Née catholique, Mme LaFleur croit en Dieu.
Elle va à la messe tous les dimanches.
Avec ses amies elle se réunit une fois par semaine
Pour grainer le chapelet
Dans la voiture
En route au casino.
Que le Bon Dieu la bénisse!

La grègue de ma grand-mère

SANDY HÉBERT LABRY

La grègue de ma grand-mère
reste toujours sur mon fourneau
un don de ma mère sans recette
mais avec une connaissance des rites
de faire le café
dans une manière patiente
lentement
trois cuillères de l'eau bouillante à la fois
et puis trois cuillères de plus
jusqu'à ce que la grègue soit remplie
juste comme nous avons vécu nos vies
nous
ma grand-mère
ma mère
et moi
au fur
et à mesure
comme faire le café dans
la grègue

Réflexions sans miroir

BRENDA MOUNIER

E-où t'étais, chère?
Y a si longtemps que j'te cherchais
Et t'étais droite-là en dessous de mon nez
Tout le temps.
J't'appréciais pas quand on vivait ensemble C'est pas drôle.
J'connaissais même pas qui t'étais
Malgré....
J'étais obligée de t'écouter, de t'écouter.
En français.
En français.
Mais asteur, asteur que j'suis loin de toi
J'me trouve après chercher, après chercher
Essayer de trouver le son
D'un violon
Qui me fera danser.
Ouais.
Asteur tu m'fais danser
Asteur que j't'ai trouvée
J'peux pas danser assez
J'vais mourir sans avoir assez dansé
T'es dans mes veines si forte
Tu m'fais brailler
Tellement je t'aime
Asteur...
...asteur que j'connais
Qui toi t'es
Et qui moi j'suis...
On s'adonne bien,
Hein, ma Louisiane?

Evangéline: that famous maid in the shade

BRENDA MOUNIER

Loin du temps passé
quand la mousse espagnole s'attachait,
une perruque grise dans la tête des chênes verts...
Forcée de l'Acadie
si grand voyage que tu as pris arrivée ici parmi
nous-autres, les *Cadjins*.
200 ans, un peu longtemps t'es assise derrière cette église.
Les cloches sonnent. Ca te réveille.
Tu t'allonges en baillant, un peu raide.
Tu décides de te lever.
T'es tannée. T'en as assez.
Tu vas aller chercher, trouver ton Gabriel.
Les gens te regardent, figés sur le trottoir,
jamais vu une statue se lever, grouiller, s'promener dans les rues de
St. Martin.
Tu t'arrêtes au bord du Bayou Teche,
derrière le Monument Acadien.
Tu étends la main pour caresser les drapeaux qui dansent dans le
vent: français, acadien, *cadjin*, et...
américain.
Les cloches sonnent encore. Tu en fais pas de cas.
Tu marches, flottes,
un revenant.
Sur ton beau visage un sourire.
Tu t'amuses à lire le seul mot que tu connais en anglais. Ton nom.
Il est ici, il est là-bas,
Il est tout partout.
Tu rougis à ton *celebrity status*,
Tout l'monde te connaît il paraît,

Mais qu'est-ce qui s'est passé pendant que tu dormais?
Tu es pompière, tu es banquière, vétérinaire, propriétaire, et jockey.
    Tu vends des meubles, du café, de la peinture,
des tableaux, des photos, et des *steaks*.
Aussi du gaz, des pneus, et tu prêtes de l'argent.
T'as un parc et un arbre à ton nom et même un cimetière.
Evangeline Oaks Apts., Evangeline Savings and Loan, Service
    Station, Bank & Trust Co, Evangeline Cafe, Furniture Store, Vet
    Clinic.
Evangeline Elementary, Paint & Body Shop, Evangeline Galleries,
    Memorial Garden, Self Storage & Steakhouse.
Evangeline Shrine Club, Evangeline Specialities, Evangeline Tire
    Company...mais... Mais t'es riche!
Hé, Evangéline. Hein, Evangéline? Qui aurait cru? Qui aurait su que
    tu serais devenue
si bien connue...
si *made in the shade*?
Gabriel? Mais c'est qui Gabriel?
Quoi?
Aw...oublie ça, and go *bayou* some stuff.

La vie est une danse

BRENDA MOUNIER

Moi, j'vois
la vie comme une danse.
On peut valser ou
on peut faire du ballet.
Pour nous les femmes c'est plutôt le dernier.
Laissez-moi vous expliquer. Imaginez le ballet.
La ballerina saute en l'air parfois, elle se pète parterre.
Elle se fend en quatre
des fois elle se trouve à quatre pattes.
Elle fait des pas de deux.
Des fois
ce sont des vrais.
Des fois
ce sont des faux...pas.
Elle caracole
elle tourne en rond elle corcobie
elle glisse
elle trotte
elle avance
elle recule
elle recule
elle avance
elle fait des culbutes elle se traîne
elle se tord
La vie, c'est une danse
elle fait comme si elle est mort...e. elle marche en biais
sur le bout des pieds
en évitant
les piquants.

Ah ouais, le ballet, c'est de l'ouvrage. Et quand elle a fini
tout le monde applaudit.
La danse est finie...et la vie aussi.
Et oui...pour nous les femmes, la vie c'est un grand balai. Et souvent,
c'est un grand **mop* aussi.
* une vadrouille

Un cœur peut se casser plus d'une fois

DEBBIE HARDY LAGRANGE

Pour chaque beau mémoire
J'ai perdu du temps
Comme je souhaite
Tu étais toujours le mien

Un cœur peut se casser
Plus d'une fois
Je peux compter tous mes malheurs
Sur chaque doigt

Je ne partagerai pas ton amour
Cela fait mal beaucoup
Vous avez tous les miennes
Pourquoi ce n'est pas assez

Un cœur peut se casser
Plus d'une fois
Je peux compter tous mes malheurs
Sur chaque doigt

Après un temps vient un autre
C'est juste la façon dont les choses sont
Tout sera comme il se doit
Quand je trouve un nouvel amant

Un cœur peut se casser
Plus d'une fois
Je peux compter tous mes malheurs
Sur chaque doigt

Tout nouveau tout beau

DEBBIE HARDY LAGRANGE

Quand je t'ai vue la première fois
Tu étais comme un petit cadeau
Je devais t'avoir
Tout nouveau, tout beau
Je t'ai promis une vie
Comme un sac en papier plein de musique
Au lieu de cela, j'ai brisé ton cœur
Oh yi! Tu vas me quitter
Ma chérie, je t'aime
T'as essayé depuis le début
Le problème est le mien
Tu ne peux pas guérir mes fautes
Je t'ai promis une vie
Comme un sac en papier plein de musique
Au lieu de cela, j'ai brisé ton cœur
Oh yi! Tu vas me quitter
J'ai joué ma musique
Partout
Ce n'était pas long
Avant que les femmes ne me fassent folle

Je t'ai promis une vie
Comme un sac en papier plein de musique
Au lieu de cela, j'ai brisé ton cœur
Oh yi! Tu vas me quitter
Les temps changent
Pas plus de la même chose
Tu veux une bonne vie
Sans cette douleur

Je t'ai promis une vie
Comme un sac en papier plein de musique
Au lieu de cela, j'ai brisé ton cœur
Oh yi! Tu vas me quitter
Quand je t'ai vue la première fois
Tu étais comme un petit cadeau
Je devais t'avoir
Tout nouveau, tout beau

Pop m'dit

DEBBIE HARDY LAGRANGE

J'dis Pop, mon nez est trop long
J'me r'semble un grosbec
Pop m'dit
Tracasse-toi pas pour ton nez
Au lieu, tracasse-toi
Pour ça dans ta tête
Tant qu'il y en a un
Les hommes va chasser un grosbec
J'dis Pop, les garçons veulent coller
S'il vous plaît, comment j'fais
Pop m'dit, hey p'tite fille
Laisse ça s'en aller
Get em on the run
Dis aux garçons
Si j'veux coller
J'vas m'acheter une chique de gomme

J'dis à mon pop, Pop, j'aime pas cuire
Quand j'suis mariée
Quand mon mari va crier
Femme, quoi on va manger
Pop m'dit, ma p'tite fille écoute bien
Quand tu vas entendre knock knock
Juste dis à ton homme
Est-ce que tu veux du tac tac

Les hommes veulent chasser
Les hommes veulent manger
Les hommes veulent coller

C'est comme ça ils sont faits
Donne à ton homme sa carabine
Donne à ton homme un plat de manger
Donne à ton homme du tac tac
Là chère p'tite fille, get out of his way

J'dis Pop, quoi mon homme va faire pour moi
P'tite fille, regarde Pop
Ton mari va te donner le soleil, la lune et toutes les étoiles dans le ciel

Une femme bonne

EMILY THIBODEAUX

Veux-tu,

Quand les dames prennent leurs cafés dans leurs cuisines autour, d'une table en bois après boire et après jouer à la bourée que équand ton nom est mentionné que tu sois une femme bonne ?

Ma grand-mère était une femme bonne parce qu'elle s'en occupait de mon grand-père alcoolique et parce qu'elle a souri souvent et elle a cuisiné pour sa famille et aimait beaucoup Jésus. Équand son mari l'a trahi avec la madame du bar et quand elle est devenue pleine d'un bébé, elle a continué comme c'était pas rien.

Est-ce que c'est vraiment pareil d'être une personne bonne et une femme bonne ? Le fait d'être une femme dans le sud de la Louisiane fait que le monde ne te laisse jamais oublier que tu es la 'tite fille de quelqu'un.

Mais, tu souris ?

Tu aimes Jésus ?

Es-tu une mère ? Et occupes-tu d'une famille ?

Si tu ne fais pas encore, tu le ferras équand ?

Et si tu ne le fais pas, pourquoi ?

Mais elle a pris sa pilule de calme pour équand le monde apparaissait étrange autour d'elle et la lumière l'agressait.

Je me souviens de cette lumière jaune-orange de sa cuisine et de cette table en bois qui a pris tout l'espace dans la salle à manger.

Mon papa était une personne bonne parce qu'il a continué d'aller off-shore pour soutenir la famille jusqu'au moment où il n'en pouvait plus.

Une personne bonne, travaille dur.

Une femme bonne mène la maison. Elle frème sa bouche.

Est-ce qu'elle peut être une femme bonne si elle parle trop ? Ou si elle passe des jugements sur les autres ? Elle peut être un peu dure avec ses mots, et elle se moque de toi équand tu fais des bêtises.

Une femme bonne, et

Si elle porte souvent un pantalon ? Si elle boit ?

Et si elle a des doutes sur les personnes en charge ?

Et si elle ne croit pas en Dieu mais dans le pouvoir inné de son propre corps et de son esprit ?

Et si elle ne fait pas d'enfants ?

Et si elle recommence son chemin et change ses idées encore et encore ?

Et si elle pose trop de questions ?

Tu peux être sûr qu'elle se demande trop de choses déjà…

Il y avait une femme qui courait nue dans les bois, qui nourrissait des loups de son sein. Qui a ri son genre. Et si on peut la retrouver ?

Mais asteure, peux-je être une femme bonne si je me méfie des autres ? Si je connais pas mes voisins et en plus, ils veulent pas me connaître ?

Je ne vais pas veiller chez grande-tante. Je ne vais pas cuisiner le souper pour Pop qui a attrapé le cancer. Il n'y a pas d'enfants qui frappent à ma porte. Il n'y pas le téléphone qui sonne. Je me suis enlevée de ce monde. Ce monde qui n'existe seulement dans un temps passé.

Sac-à-lait bébé

JULIANE MAHONEY

Quand moi je joue de la musique avec la bande
J'ai juste envie de danser avec toi
Mais moi je te 'garde danser avec une autre
Mon cœur fait mal toi tu vois pas

OH YE YAILLE ça c'est bon tu connais pas
Parce que bébé moi je connais
Quand moi je danse avec toi j'ai juste envie de ...
Jouer de la musique avec la bande

La vilaine fille

JULIANE MAHONEY

Moi j'suis une vilaine fille
qui vient de Grand Béri
la ville de la reine
avec beaucoup *sugar cane*
moi je marche toute seule

I
Donne-moi pas ton 'tit cœur
j'écale les cœurs comme j'écale les sac-à-laits
dans ma traînasse je les jette dans le Bayou Têche
pour les caler au fond du bayou
avec les bouteilles de Bud Light
avec le club sho boat
avec les esquelettes de caillettes

II
Ma mère et mon père m'ont bien élevée
mais quelque chose dans moi est croche
nous sommes allés à l'église tous les dimanches matin
mais moi je connais j'vas jamais voir le bon Dieu quand j'vas mourir
ouais là-bas dans l'Ibérie

III
Ce jour-là, quand tout le monde est allé à l'église
moi j'suis partie dans la Béri
j'suis allée au Pont Breaux voir la bande qui s'appelle Cajun Gold
j'ai dansé avec les bons hommes et les mauvais t-boys
je les aime tous le même
dans ma 'tite robe courte

chaude comme Tabasco
j'ai bu du Bud Light dans le soleil
et je sentais pas rien

IV
J'ai perdu mon cœur
j'ai cherché au long du Bayou Têche
j'ai cherché à la Pointe de Cypremort
j'ai cherché au Grand Coteau
mais ça c'est gone
Mais si je pourrais trouver mon cœur
moi j'voudrais donner au diable juste pour un autre bon temps
Parce que
moi j'suis une vilaine fille
de la Grand Béri
pour la balance de ma vie

Je suis malheureuse

HEAVEN MOORE

Je suis malheureuse parce que je suis amoureuse d'un homme qui m'aime...bien. On se parle souvent et on partage les mêmes idées et croissances. Il aime ma présence, en vrai et à distance. Il peut me faire confiance et se sent en sécurité. Il m'intrigue: sa vie, son éducation, ses futurs plans, tous: ses faux inclus. Pourtant, je me sens que ces sentiments ne sont pas partagés, qu'il cherche quelque de plus qu'il ne trouve pas en moi car il hésite de vraiment se tenir à moi. J'essaie de me convaincre que « peut-être il aime d'une différente façon ». Mais même si c'est le cas, est-ce que ça valide le fait que je me sens mal-aimée? Je reste parce que je pense que peut-être il m'aimera avec du temps; j'essaie de le convaincre avec mes actions que je suis assez. Mais quand réaliserai-je qu'avec chaque jour je passe à le convaincre, je rate la chance de rencontrer quelqu'un qui verra ma valeur dès le premier jour.

Orion

ASHLEE WILSON MICHOT

Quand j'étais jeune
J'ai cherché pour quelqu'un
J'ai cherché sur la terre et aux nuages
Et comme une femme
J'ai guetté autour du monde
Pour un homme
Pour faire une vie en hommage.

Mais dans le bleu de l'horizon;
Quand la lune est pleine à l'anse
Quand la terre tourne en rond dans l'espace
Je t'aperçois au loin, au large
Sous-marin, une image
Ensemble dans les étoiles, Orion

Quand le femmes 'près espérer pour un homme
Ç'après chercher dans la terre et aux nuages
Et moi je cherche l'espace profonde
Pour une étoile filante
Mais t'es fixé sur mon idée, Orion

Malheureux

ASHLEE WILSON MICHOT

Hé mais quoi tu veux avec moi cher?
Hé toi malheureux
Parce que j'ai pas rien à te donner
Et moi j'veux plus t'écouter
Et "si j'aurais pas 'couté conseils à les autres
T'auras être ici avec moi aujourd'hui"
So quoi tu veux avec moi cher?
Hé toi malheureux

Hé j'ai pu de larmes à brailler cher.
Hé pour toi, malheureux
Parce que j'ai pas rien à connaître
Et moi j'ai plus rien mais à te dire
Et si tu me laisses pas
Je vais le tourner par en bas
Et te quitter avec l'affaire dans ta main
So quoi tu veux avec moi?
Hé toi Malheureux

L'aurore

KRISTI GUILLORY MUNZING

à Pyook

Peinturer une chanson
Des sommets des montagnes
Chanter le vol d'un aigle
Que brille les cieux des cieux
Je t'écris donc une danse
Un cadeau pour ton âme
Je te donne les ailes des anges
L'aurore boréal

Tailler des voix des vagues
Qui jurent à la paix dans le monde
Chanter la suite des corbeaux
Le hurlement des loups
Je t'écris donc une danse
Un cadeau pour ton âme
Je te donne les ailes des anges
L'aurore boréal

Le commencement de la fin

KELLI JONES

Viens, assis-toi à côté de moi
Et on peut voir
notre monde qui va changer
On avait un beau moment
On était fleurs dans le printemps
Jusqu'à ce que l'amour se fanait

On est à la brune qui devient la nuit
Et on comprend
On est à la brune qui devient la nuit
En regardant le commencement de la fin

Oui, aujourd'hui
j'ai beaucoup d'amis
Mais je connais, peut-être il y aura un jour
Où il faudra se séparer pour bien trouver
la vie qu'on mérite

on sera joyeux,
on aura un peu peur
Et on va comprendre
on sera joyeux,
on aura un peu peur
En regardant le commencement de la fin

De parler français à l'école

CATHERINE LOWE

Il n'y a même pas 80 ans
Un petit garçon a été puni à l'école
Car il a parlé français.
Et, asteur, en 2018,
Sa petite fille est payée par l'état
D'enseigner en immersion française
L'ironie. Ou la justice?

Je fais mon coming out

CATHERINE LOWE

Je savais que je devrais sortir du placard,
Comme on dit,
Plus qu'une fois.
On ne dit pas, "je suis lesbienne," juste une fois,
Jamais de la vie.
Mais personne m'a dit que je devrais faire un coming out
Chaque fois que je parle français.
-Vous êtes française? Votre accent est excellent!
-Vous êtes belge? Il n'y a aucune doute!
Non. Mais non.
Je suis louisianaise.
Je suis cadienne.
Je viens d'icitte.
Et asteur je suis fière de parler français.

En français, s'il vous plaît

VIOLA FONTENOT

Cette dame cajine de la Louisiane
Elle était énée parler français
Le nom Fontenot avec Doucet
Hebert – LeJeune c'est tout mêlé.

Chanter – danser – pour s'amuser
Mais en français, cher, s'il vous plaît
Et passe donc bien une tasse de café
Parmi le monde de la Table Française.

Les gens cajins de la Louisiane
Aiment toujours parler français
Cousin – cousine – allons danser
Les haricots est pas salés.

Garde donc Steve Riley est après arriver
Son accordéon est après jouer
La belle musique de le Cajin
Mais une autre fois cher s'il vous plaît
Allons parler la belle langue français
Allons tous parler cette belle langue, le français.

Vive le français avec Mavis Frugé

VIOLA FONTENOT

Vive le français avec Mavis Frugé
Viola Fontenot et Brenda Mounier
Tonnerre Mes Chiens par Amanda Lafleur
Earlene Broussard et Kirby Jambon.
C'est tout en français près de notre cœur
Vive le français avec Mavis Frugé.

Vive le français à la Table de NuNu's
Une fois par mois le samedi matin ça vient tous ensemble
Pour sauver le français, la musique, et toute notre culture
C'est tout en français avec Mavis Frugé.

A rap song in honor of her induction into Living Legends of Louisiana

Cœur brumeux sur roches bleues

RACHEL DOHERTY

Chus descendue la ruelle rocailleuse
En espérant que je dépolluerais ma tête
De mon impatience pour toi.

Toujours après espérer un mot,
Tes vibrations, des flashs sur un écran
Qui m'arrivent à travers l'Atlantique,

Et tout ça devient de trop.

Quitte le téléphone.
Fais des pas délibérés vers la Baie.
Chus pas encore libérée.

Et je me répète :

« Respire le foin doux et l'air salé de la terre promise.
Fais de ton mieux pour écrire un poème, des notes.
Même en anglais, n'importe quoi ».

So, je me tourne vers ma maison hantée préférée,
(Tu connais, celle qui donne sur la Baie?)
Celle pour qui j'ai des fantaisies.
Un jour je la rénoverai.
Elle deviendra ma cabane d'écriture
Pendant les hivers
Où ce que j'aurai le courage
De naviguer les vagues de la dépression saisonnière.

Back à Lafayette ya une autre maison qui me hante,
Que je veux décorer.
Je pourrais la redorer,
La sauver de l'oubli.
Ma mockingbird mansion gothique.
Elle pourrait un jour héberger
Les rêveurs comme nous-autres,
Ceux qui viennent jongler à un avenir en français.

Et si on construisait une cour?
Et si l'édifice en arrière, si c'était la garçonnière ?
Si les jeunes femmes passaient par notre portail,
Sèmerait-on des romances sur cette île de l'archipel,
Aurait-on un jour une récolte plus fructueuse ?

Hé toi, et toi, j'ai aussi des plans pour ta maison.

Je vas overboard avec mes fantaisies de mansions.
Je veux rester tout partout sur le continent
Ayoù le français se trouve dans des coins intimes,
Ayoù je me sens la langue moins coincée.

J'ai songé aussi à une maison en Ville.
(C'est comme ça que nous-autres appelle la Nouvelle-Orléans.)
Et si, toi et moi, si on restait à Halifax itou ?

Chus après tomber par-dessus bord.
Comme l'agneau éponyme, tout innocent,
Comme le mouton à Champlain, porté par les eaux.

Un jour, toi et moi, on aura tout un troupeau.

L'odeur des éclairs

MELISSA BONIN

L'odeur des éclairs
Terrassée je goûte les yeux céruléens
à travers ma courbe de sein
bois chaque ligne et phrase
éclats de peau
Aveuglée je suis laissée à sentir
les empreintes digitales cramoisies

La flore de la vie

ANNE-JULIA PRICE

Caresse la
tige de mon âme.
Plie les
pétales autour de mon ventre.
Souffle le
gaz de mon angoisse.
Embrasse mes
feuilles fragiles.
Protège les
globules de mon tendre bouton.
Nourrit-moi.
Ne me cache pas du soleil.
Cajole-moi
avec des gestes câlins.
Stimule-moi
du sol nouveau.

J'suis gone 2-step

MARIE-ISABELLE PAUTZ

Moi, j'suis gone
Pour trouver l'avenir.
Moi, j'vais m'en aller
Pour revenir.
Et quand je vais revenir
J'serai moi-même.
Tout autour de l'achélème.
Moi j'suis gone gone
Au pays loin

Y'a longtemps, chère
Que mon cœur m'appelle.
À ces jours-ci
De soleil et brise.
Mon cœur m'appelle aux questions inconnues
C'est les mêmes bêtises
Qu'on a toujours

CHORUS
Moi, j'suis venue au monde
Mais pour aimer
J'ai des choses à faire
Des choses à travailler
Mais comment tu crois
J'vais pleurer
Oh non chère,
Il vaut mieux danser

Moi, j'vous aime
Avec tous mes cœurs
Moi, j'vous aime
Avec gros douleurs
Comment tu crois
Moi je t'aurais laissée
Oh non chère,
On va avec tout l'monde, jouer

Moi j'suis gone, gone
Au bois doré
Moi j'suis gone
Pour courir les prés
Toute couverte
En beauté
Y'a des choses que je peux pas décrire
Moi j'suis gone pour les redécouvrir
Moi j'suis prête à partir
Au pays près

Le tonapatchafa

RACHEL BAUM LAFFERRERIE

Pendant mon enfance, j'écoutais régulièrement l'histoire du Tonapatchafa avec mes cousins, racontée par mon grand-père et mes oncles. Même maintenant, à l'âge adulte, j'y pense quand le soleil tombe et je me trouve dans les bois. Le corps du Tonapatchafa ressemble à celui d'un homme, coupé en deux de haut en bas. Il ne sort qu'après le coucher du soleil, se cachant derrière les arbres, attendant ses victimes. Pour attraper sa proie, il siffle une mélodie ensorcelante qui fait venir ses victimes. Si on le suit, on le trouve. Si on le trouve, on doit lutter contre lui. Si on gagne cette lutte, on est libre de sortir de la forêt sain et sauve. Mais si le Tonapatchafa gagne, il prend le corps du perdant. Lui, il sort des bois dans le corps de sa proie, et l'homme malheureux qui a perdu devient le nouveau Tonapatchafa....

Dans les bois de ce pays
Où les chênes sont nobles et forts
Où le feu follet, il chasse après
Ceux qui vernaillent tard dehors

C'est là en Louisiane celui
Qui fait peur au Cauchemar
Le Rougarou si fort devient
Devant cet homme braillard

Ça fait longtemps que nous-autres raconte
L'histoire horrible, vieille, vraie
Qu'avant on ne contait qu'en chuchotant
Toujours après prier

Même pendant que j'écris, je me demande si
Je devrais bien faire cela
Mais c'est commencé, je dois vous présenter
Au Tonapatchafa.

Personne ne connait, ni ose demander
D'où il vient, car on craint cette histoire
Mais on dit qu'il se cache derrière les arbres
Quand le ciel et la terre deviennent noirs

Maigrichon est son corps, méfie-toi- Il est fort!
Bien qu'il ait toujours l'air d'être fluet
Un bras, une jambe, il n'est qu'un demi-homme
Mais il faut pas le sous-estimer.

Les cheveux noirs
Les cheveux longs
Et tous entortillés
Un visage que sa propre mère haïrait
Que cinq doigts
Cinq orteils
La moitié d'un nez croche
Un ongle pointu pour faire venir ceux qui l'approchent
Une frimousse
Cette sale face
Et quand ses lèvres se virent
Quelle méchanceté en ce tordu sourire
Oui, c'est vrai
Qu'il est croche
Un diable mauvais
Y'a des gens qui disent qu'il est le mal incarné.

Bien, donc
J'ai presque fini, mais espère!
J'ai oublié son œil,
Son seul œil sanguinaire

Oh, ce maudit œil
Jaunâtre et perçant
Ça me donne des frissons
Juste en vous en parlant

Dans cet œil, quelle forte haine
Cache-toi derrière l'arbre!
C'est l'abominable figure
Du Tonapatchafa.

Attends.

Car asteur, je l'entends
Bien que ça fasse longtemps
Je me souviens encore
De son sifflet perçant

Le gris-gris est mis
Quand le son du sifflet
Est entendu par l'homme
Qui ose l'écouter

Grave, aigu, grave
Je m'en vas- non, je peux pas
Quelque chose me tient là
Quelque chose malgré moi

Trois notes qui me hantent
Je me dis, c'est le vent
Hurlant, hurlant
Mais hélas, je me mens

Un sifflet, silence
Les frissons me couvrent
Un sifflet, silence
Son seul œil me trouve

Je vois là son doigt
M'appeler vers lui
Ma tête me crie «Non !»
Mes pieds me disent «Si»

Malgré moi, mon bon sens
Le pied suit le soulier
Je me trouve derrière l'arbre
Mais comment? Je ne sais pas.

Mais c'est sa figure, ça !
L'abominable figure du Tonapatchafa.

Asteur, j'imagine que vous-autres veut me dire
Toi, t'es fou- faut courir!
Toi, t'es bête- il faut fuir!
Impossible à faire, mais facile à dire

Le gris-gris est bien mis, le doigt et l'œil vus
Je n'ai plus le choix, le sifflet entendu
Je voudrais bien dire à vous-autres «pas d'soucis»
Mais je peux pas mentir, Dieu l'a bien interdit

Donc j'vas raconter-
Vous êtes sûrs?
Vous êtes prêts?
Ce qui se passe si on erre trop tard dans la forêt.

Le Tonapachafa
Le monstre n'a que haine
Pour nous-autres ici
Nous, la race humaine

Car il était une fois
Qu'il était comme nous
Mais asteur on est libre
Et lui, bien jaloux

Donc il cherche tout le temps
Un corps à voler
Il ne peut qu'être une âme
Qui quitte la forêt

Mais enfin je digresse
J'étais après dire quoi?
Ah ouais, ce qu'il fait
Le Tonapatchafa.

C'est un jeu affreux qu'il joue
Et le prix, on dit, c'est l'âme
L'homme qui perd, il donne son corps
Au demi-homme s'il gagne

Le jeu est simple, on dit
Une lutte, le but et clair

Le perdant est le pauvre que
Le gagnant jette par terre

Oui c'est vrai qu'il est possible
Mais peu de gens l'ont fait
Battre le Tonapatchafa
Et s'en aller après

Donc écoute-moi, j'ai pas menti
Jusqu'asteur, j'vous promets
Quand j'ai dit qu'il n'y a qu'un seul qui sort
J'ai dit la vérité

Donc si on lutte et si on gagne
On est libre d'y aller
Mais si on perd, quelle triste affaire
Faut toujours y rester

Oui, on devient celui qui siffle
Celui qui se cache toujours
Derrière les arbres, dessus la lune
Jamais voyant le jour

Il faut rester là jusqu'au jour
Où y'a une autre victime
Et cette mélodie bien inquiétante
Fait encore sa combine

L'échange cruel attend pour l'homme
Qui fait la faute de perdre
L'âme du Tonapatchafa
Elle entre dans sa chair

Et il retourne bien déguisé
Chez toi et ta famille
Eux-autres pense que c'est toujours toi
Mais ils ont tort ! C'est lui!

Comme ça, on sait jamais s'il se cache
Juste en dessous de nos nez
C'est trop horrible, c'est trop mauvais
Ce que ce siffleur fait

Comme ça, on sait jamais s'il est
Caché en nos familles
Ta mère, ton père, ont-ils jamais
Vernaillés tard une nuit ?

Moi-même, auparavant j'allais
Dans les bois toutes les nuits
Un soir, le demi-homme m'a fait,
Avec son sifflet, lui

Vous êtes surpris ? Vous ne saviez pas ?
Qu'on est partout, ma sorte
Les gens qui l'ont rencontré et
Trouvé qu'il est bien fort

Faut pas nous juger, toi qui n'as
Jamais été le monstre
Que ferais-tu si t'étais lui
Le Tonapatchafa ?

Alors vous-autres doit vous méfier
Faut éviter les bois

Ils appartiennent au crépuscule
Au Tonapatchafa.

Dans les bois de ce pays
Où les chênes sont nobles et forts
Où le feu-follet, il chasse après
Ceux qui vernaillent tard dehors

C'est là en Louisiane celui
Qui siffle pour faire venir
Les pauvres vagabondes du bois
Qui ne savent pas s'enfuir

Ça fait longtemps que nous-autres raconte
L'histoire dans nos familles
Pour mettre en garde les petits enfants
Des dangers de la nuit

Donc si par chance t'entends un son
Son sifflet dans les bois
Faut fuir- asteur t'es prévenu
Du Tonapatchafa.

Muette en compagnie de gens fascinants

MARY PERRIN

Oh malheureuse, mon mari est un chef d'équipe, un 'gros chien' dans le mouvement cadien dans le sud de la Louisiane, mais moi, je ne parle pas sa langue.

Souvent je suis avec lui en compagnie des gens français fascinants, des professeurs, des écrivains, des maires, des ministres, des ambassadeurs et même des présidents et princes, et je dois rester là, muette comme un poteau, cher pitié ! Quels mots sont mes mots et où sont-ils ?

Bien sûr, je peux demander à un agriculteur dans un marché en France, "Ces fraises sont biologiques ?" Mais plus que ça, ma bouche trébuche. Et où étaient ses mots ? Mais là, ils sont partis comme les chevaux à Evangeline Downs.

Mon père, il était un Broussard, c'est un nom si français, n'est-ce pas? Mais je crois que je suis la seule Broussard au monde dont le père ne parlait pas français. Où étaient ses mots ? Et comme mes parents ne parlaient pas français, je n'ai pas grandi à parler. Où étaient ses mots?

Certainement, j'ai suivi des cours de français au lycée et à l'université mais ce n'était le français de mon mari ni de la famille de mon mari. Tant aux États-Unis qu'en France, je reste un "outsider" qui observe de l'extérieur. Sans les mots, sans les mots, je suis peut-être ni française ni cadienne.

Oh Malheureuse !

La prairie greig

MANDY MIGUES

Basse et platte
Sur la côte,
Mais cachée par les prairies tremblantes.
Les Vermilions te gardent dans leurs bras.
Les champs de canne à sucre,
Les clos de riz,
Des étangs d'écrivisse,
Marquent ton paysage comme des 'tites maisons de tes tantes et noncs qui habitent juste à côté de chez toi.
La chouette qui passe la nuit dans des branches du chêne vert de Mom.
C'est elle qui garde la prairie.

Allons à Lafayette

CAROLINE HELM

(rewritten traditional Cajun song from a female perspective)

Allons à Lafayette
C'est pour changer mon nom
On va m'appeler Madame
Madame Canaille Comeaux
On dit j'suis trop mignonne
Pour faire la criminelle
Le monde me connaît pas
Mais un jour on va voir
Allons à Lafayette
Allons voir notre 'tit bébé
Moi, je le tiens si proche mais toi, t'après jouer
Tu me laisses ici toute seule
Dans une ville je connais pas
Un jour va venir
Tu regretteras tout ça.
Allons à Lafayette
C'est pour changer mon non
On va m'appeler Madame
Madame Jolie Leblanc!
C'est vrai je suis criminelle et je reste en prison
Au moins je suis libre
Et ton esprit est gone.

La porte en arrière

CAROLINE HELM

(rewritten traditional Cajun song from a female perspective)

Hier soir, il était au village
Il s'est soulé, il pouvait plus marcher
Il est revenu le lendemain matin
Le jour était, après se casser
Il est passé par la porte en arrière.
Ce matin quand il est réveillé
Il m'a dit d'aller chercher son 'tit café
Je l'ai regardé comme "Excuse-moi?"
Tu peux le faire toi-même, comme t'as fait hier soir,
    et J'ai passé par la porte en arrière.
Il m'a couru après quand j'ai quitté
J'ai dit "va chercher ta 'tite blonde t'voulais"
Il m'a regardé, ses yeux en larmes
J'ai dit, "c'est trop tard, now you're on your own"
Va passer par la porte en arrière.

Pòrtré enho lotèl-la

ADRIEN GUILLORY-CHATMAN

Ékan mô nonk Jozèf
Kourí lagè
Mô gromomanm mété
In pòrtré li
Enho sochènn lotèl
    Avèk in shandèl
    Avèk in shaplé
Shak swa li dí
    O Mari, to komprenn
    Priyé a frwi a tô zentrayi
    Pou frwi a mô zentrayi
    Insiswatil lnsiswatil

Charpentier

GRACIE BABINEAUX

Rêver dans la nuit, les étoiles en haut
Glisser avec les ailes d'oiseaux.
Tu peux aller à la lune dans le ciel
Si tu veux une vie nouvelle.

Hey Charpentier, le monde tournait
Hey Charpentier, je voudrais prier.

Le vent d'été
M'apporté par l'hiver.
Je cours aux places que je connais
J'ai peur.

Hey Charpentier, le monde tournait
Hey Charpentier, je voudrais prier.

Ça c'est une chanson pour mon père. Son grand-père, John, est mort ce jour-là. John était un charpentier pour toute sa vie. Cette chanson est pour mon père parce qu'il était triste et je pense un peu perdu.

Si ces souliers pouvaient parler

LISA TRAHAN

T'après sortir tous les soirs avec ton entourage
Tes souliers ont pas de semelle au fond
Si ces souliers pouvaient parler mais avec moi
Les souliers me diraient ça que j'veux pas attendre
T'après me quitter à moi mais en cachet
T'après rodailler le chemin bébé
T'après danser avec toutes les filles dedans le village
Les souliers me diraient ça que j'veux pas attendre

Le fanal à Codolph

JANA CHERAMIE (ASHLEE WILSON MICHOT)

Ça c'est l'histoire de Rudolph Cheramie mais tout le monde d'en bas du bayou l'appelait comme 'Codolph'. Codolph Cheramie! (On a fait la boucherie avec tous les noms dans ces jours-là mais quand-même). Il y avait un bar beaucoup fameux dans ses alentours, le Hubba-Hubba, corru par un homme on appelait Manuel Toups, aussi connu comme le Cajun Ambassador, un grand conteur des contes. So Codolph rentre dedans le Hubba-Hubba un jour et là c'est Conjeau Duet après conter des contes des pêchers. Conjeau dit, "Aw ouais j'ai attrapé des meuilles gros comme mon bras! Gros comme ça, ouais, Codolph! Gros comme ça!"

Codolph 'té après écouter et il dit "T'es menteur. T'es menteur, Conjeau Duet! Mais quitte-moi te dire une histoire qui m'arrivait et pis c'est pas une menterie celle-là!!" Il dit, "L'autre jour, tu connais le mauvais temps qu'on a eu? Mais moi j'ai été à la paupière, I went paupièreing! J'ai mis mes trawls, j'ai mis mes paupières, mais le temps a venu si mauvais que mon fanal a tombé dedans l'eau! Mais comment tu crois que deux jours après, quand j'ai été, j'ai mis mes paupières et j'ai attrapé mon fanal et il y avait toujours le feu allumé dedans!

Conjeau dit, "Une belle menterie. T'es un gros menteur, toi! Y'a pas de chance, Codolph! Pas de chance!"

Codolph dit, "Mais toi, Conjeau Duet! Écoute ça on va faire: Si tu coupes un peu de ton poisson, je vas éteindre un ti brin mon fanal."

Et 'coute! Après ça, tous les restaurants, les stores, les shoppes des appâts, ça pendait un fanal dedans la place, pour le fanal de Codolph! Ça se fait, cette histoire, c'est beaucoup connue par le monde d'en bas du bayou et Codolph, lui était connu pour élonger la vérité.

Le tablier

EARLENE BROUSSARD

"*I don't have my material for my apron,*" j'dis à *Miss Jones* dans eine voix si basse que c'est ein miracle qu'a' m'a attendu.

"*Smock,*" dit *Miss Jones* en ployant ein patron de papier crâlant.

"*Well, anyhow, I don't have it,*" j'dis, les yeux sur mon *lunch can.* J'm'avais dépêché à parler avec *Miss Jones* avant qu'a' pouvait partir dîner.

"*You can bring it tomorrow, then,*" dit *Miss Jones.* "*The class will have to take turns with the patterns anyway.*"

"*I can't have it for tomorrow either,*" j'dis. "*My mother says that I'll have to use one of her aprons when we start cooking next month.*"

Miss Jones se lève en me regardant. Alle est eine grande femme. C'est eine blonde aux gros yeux bleus, grandis par des lunettes épaisses. A' porte eine robe bleue caille, le même bleu que ces yeux.

"*You need a smock of your own, Lula,*" dit *Miss Jones.* "*Is there any way you can have your fabric this week? As quick as you are with your projects, you'll have no trouble finishing your smock right along with the rest of the class.*"

"*No, Ma'am. We don't have the money, Mom says,*" j'dis, en essayant d'avaler la honte qui monte dans ma gorge.

En espérant sa réponse, j'pense, "Pourquoi tu crois qu'a' me demande autant de questions? Juste pour me faire le dire? J'savais qu'a' m'aurait fait ça. Me faire brailler parce qu'on a pas l'argent pour acheter cette maudite étoffe pour ein tablier que j'ai vraiment pas de besoin. Mom m'a déjà dit que j'peux avoir un des siens. Merci Bon Dieu que toute la classe est pas icitte!"

"*Oh, Lula,*" dit *Miss Jones,* "*I didn't realize. I'm sorry. Sure, you can use your mother's apron.*"

"*Thank you, Ma'am,*" j'dis en reniflant. "*Bye.*"

"*See you in class after lunch,*" dit *Miss Jones.*

J'sors au beau soleil d'hiver pour erjoindre mes amies qui ont déjà rouvert leurs *lunch cans* sous un des gros chênes verts devant la maison d'école de Gueydan *High*. C'est eine journée froide de janvier. J'me rappelle pas quoi Mom a *pack* aujourd'hui. J'm'en fous pas mal. Ça serait soit ein oeuf frit ou du *peanut butter* sur ein biscuit. On a pas fait boucherie depuis Christmus, ça se fait, il y a pus de gratons pour manger avec du riz froid. Les patates douces sont rares aussi. Mom dit toujours que c'est le *hard time* avant le jardin du printemps.

J'dis pas arien d'avoir parlé avec *Miss Jones*, même qu'Eveline me demande pourquoi j'sus en retard pour manger mon *lunch*. Alle est si fourre-nez. J'connais que ça sera elle la première à me demander cet après-midi pourquoi j'travaille pas sur mon tablier. Mom dit que ça prend toute qualité de monde pour faire ein pays, mais j'aime pas du tout les fourre-nez.

Dans mon *lunch can* j'trouve ein morceau de pain de maïs. Mom l'avait coupé en deux et alle avait mis de la confiture de figues entre. *Yep*, *hard time* est icitte, *all right*.

Dans l'été équand on encanne les figues, Mom dit toujours qu'on peut pas en manger beaucoup. C'est pour *hard time*, a' nous dit. A' m'a parlé de *hard time* hier au soir équand j'y ai parlé de l'étoffe pour mon tablier.

"J'ai pus d'étoffe dans l'armoire," a dit Mom. "J'ai usé le dernier morceau pour faire eine robe de Christmus à Virginie. Sa classe de Confirmation allait toute ensemble à la messe, et j'pouvais pas la laisser aller avec la même vieille robe." Ça ressemblait comme si a' se parlait à elle-même.

Alle était au *stove* et a' brassait eine bouillie épaisse. Alle a mesuré eine cuillerée de vanille. J'ai guetté les ronds bruns de vanille disparaître dans la bouillie.

"*Miss Jones* dit qu'il faut l'avoir pour demain," j'ai dit.

"J'croyais que j'achetais assez d'étoffe équand j'ai fait l'ordre avec le *Chicago* l'automne passé," a dit Mom. "J'pense que j'me rends pas compte comment vite vous autres grandit."

"Proche toutes les filles ont été acheté leurs étoffes cet après-midi chez *Doss & Sons*," j'ai dit. "J'pourrais peut-être acheter la mienne demain midi."

"Ah, j'connais pas," a dit Mom. "Il faudra parler à ton père pour l'argent."

La vapeur de la bouillie chaude a mouillé ma figure équand a' l'a vidée dans la grande bol.

"Quoi tu crois i' va dire?" j'ai dit.

"C'est vraiment *hard time*," a dit Mom. "Ton père a pas encore vendu les quelques peaux qu'il a piégées. J'peux pas vendre plus d'œufs à Wright parce que là j'pourrais pas vous *feed* le midi. L'ouvrage dans le clos a pas commencé encore pour que ton père gagne ein 'tit peu de *cash*." Mom a repoussé eine bouclette de cheveux qui la gênait sur le front. J'savais qu'a' cherchait ein moyen de m'aider par la manière qu'a' se frottait le front en regardant loin dans l'avenir.

"Va faire ton ouvrage asteur et tu vas parler à ton père équand il arrive," a dit Mom.

Assise sous le gros chêne vert devant l'école en mangeant mon pain de maïs, j'jongle, "Pourquoi Mom a tout le temps besoin de parler à Pop? A' peut jamais faire son idée à elle-même. J'me demande si ça va être comme ça équand moi, j'vas me marier. J'me demande."

J'vide les grémilles de pain de maïs aux fromilles qui nous embêtent. J'essuie bien mon *lunch can*, et après avoir placé ma 'tite essuie-mains dedans, j'y remets le couvert.

"Équand c'est tout, c'est tout," j'dis, "et ein tablier, c'est ein tablier, non?"

"*What did you say?*" dit Lillian. "*You haven't said a word all lunch time and now I don't understand a word of your mumbling.*"

"*Yeah, and you better watch it,*" dit Eveline. "*If Mr. Bush catches you talking French on the school grounds, you'll mumble for something.*"

"*Oh, nothing,*" j'dis. "*Just thinking about Pop.*"

"Pop," j'ai dit, "on a fini d'étudier les livres comment coudre des 'tites choses simples, ça se fait, asteur i' faut coudre ein tablier pour protéger notre linge équand on va cuire."

Pop lavait la boue de ses pieds et de ses jambes dans la bassine sur la galerie. J'étais pas sûre qu'i' m'écoutait.

"Faut toutes en avoir un, Pop," j'ai dit.

"Parle avec ta mère pour ça," a dit Pop.

"J'ai déjà parlé avec elle, mais a' m'a dit qu'il y a pus d'étoffe sur la tablette dans l'armoire. J'en ai besoin pour demain. J'pourrais en acheter chez *Doss* à midi."

"J'ai peur qu'il y a pas d'argent pour ein sacré tablier, MaLul," a dit Pop. Il a garoché l'eau sale à travers la cour. "Parle à ta mère pour qu'a' te prête un de ses tabliers équand tu vas cuire. Ein tablier, c'est ein tablier, non?"

"Ein tablier, c'est ein tablier, non?" j'dis.

"*What did you say, Lula*?" dit Lillian.

"Pas arien," j'dis.

"*You're going to write lines today for sure, you,*" dit Eveline.

"Quoi?" j'dis.

"*You better stop speaking French on the school grounds, Lula*," dit Eveline.

J'me sens déjà ein peu étourdie, mais équand j'me rends compte que vraiment j'parle en français sur le terrain d'école, mon cœur commence à battre vite, vite. J'regarde autour et en arrière de moi, mais j'vois pas le maître d'école. J'pense, "J'souhaite qu'Eveline dit pas arien à Monsieur *Bush*. Là, j'aurai du tracas. *Well*, ça sera pas la première fois."

"*What color is the material for your smock, Lula*?" dit Eveline.

"*Well, huh, I don't know, huh...*," j'dis.

"*What do you mean you don't know*?" dit Eveline.

"*I have to be excused*," j'dis. J'pars en courant, laissant Eveline et Lillian à leur radotage. "La cloche va sonner bien vite quand même," j'jongle. "Pis là, on va être là, dans *Home Ec*, et toutes les filles seront après vanter leurs étoffes, mais pas moi."

En espérant la cloche, j'jongle, "J'm'en fous pas mal si j'ai pas de *smock*. Pourquoi j'ai besoin de ça quand même? J'peux m'en coudre un n'importe équand. Quand même, Mom a dit que j'peux avoir son meilleur tablier avec toute la belle broderie, celui-là que Tante Tessa y a donné pour Christmus. J'veux pas un de ces vilains *smocks*, moi. Comme ça, j'pourrai étudier mon *Algebra*. J'haïs *Algebra*, beaucoup plus que ces maudits *smocks*." J'erssaute équand la cloche sonne et j'dis, "Ein tablier, c'est ein tablier, non?"

❦

"*Lula*," dit *Miss Jones*, "*I need to talk to you at my desk*."

J'sus à peine dans la classe équand j'attends mon nom. Mon livre de *Algebra* tombe par terre.

"*Yes, Ma'am*," j'dis, mais j'me rends à la table pour laisser mes livres.

La classe est toute en désordre. Les filles déployent des

morceaux de *broadcloth* fleuré, barré, à gros et à 'tits carreaux de toutes les couleurs. Ça se vantent des beaux boutons, du *rick-rack*, même de la dentelle. C'est des grands hélas d'ein bout à l'autre. J'sus contente qu'ils sont trop occupées pour s'apercevoir que *Miss Jones* voulait me parler.

"*Yes, Ma'am, Miss Jones,*" j'dis.

"*I went to pick this up for you at Doss & Sons,*" dit *Miss Jones*. A' me donne ein 'tit paquet, tout bien amarré avec eine corde. "*Go ahead,*" a' dit. "*Open it.*"

"*It's some material,*" j'dis, en regardant le morceau de *broadcloth* d'ein bleu pâle. J'sus là, toute charmée, et j'caresse l'étoffe, soulevant chaque article à son tour. "*There's thread and buttons and navy blue rick-rack, too,*" j'dis.

"*I hope you like the color,*" dit *Miss Jones*.

"*I do,*" j'dis. "*It's the same blue as your dress.*"

"*Why, yes. You're right,*" dit *Miss Jones*. "*Well now, go find out whether someone else bought this color. Go ahead.*"

"*My material is dusty blue,*" j'dis à Lillian.

"*My mother made me get navy blue gingham,*" dit Lillian. "*She says that it's gonna stay cleaner.*"

"*Poo,*" dit Eveline, "*maybe it won't show as much as on these pink flowers I got, but dirt is dirt no matter what.*"

J'jongle en regardant autour de la chambre, "J'sus contente que mon étoffe est pas barrée, fleurée, *plaid* et surtout pas aux carreaux. J'sus la seule avec du bleu tout d'eine couleur. Ça sera aisé de reconnaître mon tablier accroché dans la closette. Ô, cette étoffe est si belle. J'sus assez contente que *Miss Jones* a choisi ça icitte pour moi."

"*Hey, Lula,*" dit Lillian, "*you dropped this from your package.*"

Équand Lillian me le donne, j'vois que c'est ein reçu de *Doss & Sons*. C'est marqué:

2 yds x 30¢	*60¢*
thread	*5¢*
buttons	*15¢*
rick-rack	*15¢*
Total	*95¢*

Assise, toute paralysée, j'jongle, "95 sous. Pourquoi j'sus aussi bête? Bien sûr, faudra que j'paye ça. 95 sous. Éoù j'vas prendre 95 sous pour payer ça? Comment dire à Mom? Quoi tu crois Pop va dire?" J'place le reçu jaune dans mon livre de *Algebra*.

"*Miss Jones* m'a acheté de l'étoffe aujourd'hui," j'ai dit.

"Quoi?" a dit Mom. Ses doigts ont arrêté de trier le riz.

J'ai tout expliqué depuis le commencement. Mom cherchait les grainages et la paille dans le riz tandis que j'parlais. Équand j'arrêtais de parler pour jongler ou respirer, a' tirait ein peu de riz dans l'air et a' soufflait à travers pour ôter la 'tite paille fine. Équand j'ai fini mon explication, le riz était paré à laver.

"Ton père va pas être content, MaLul," a dit Mom.

"Mais pourquoi faut y dire?" j'ai dit.

"Parce que si on y dit pas et quelqu'un d'autre y dit, ça va être deux fois pire," a dit Mom. "Ô, faut y dire. Tchiens. Va laver le riz et j'vas aller chercher des queues d'oignons pour la sauce de pommes de terre."

Tandis que j'lavais le riz à la pompe, j'jonglais, "Pourquoi c'est tout le temps moi qui a la malchance? Virginie a jamais de tracas comme ça. Si ça serait elle, alle irait demander eine piastre à Grampa Numa. Alle est sa p'tite gâtée. I' y donnerait, pas de question. Si ça serait Roy ou Loyfa, ils pourriont travailler après l'école ou quelque chose. Ô, t'es bête, MaLul! Ils auriont jamais besoin d'ein *smock*! Imagine Roy dans ein *smock*! Mais quand même. Si ça serait Mae Rose, Mom demanderait à Tante Rosa si alle a de l'étoffe du *Sears* ou du *Montgomery*. Ben non, c'est pour moi. J'sus pas la plus vieille ni la plus jeune et j'sus pas ein garçon. Personne m'aime, moi."

"Lula, quoi c'est toute cette affaire pour le maudit tablier?" a dit Pop.

J'étais si occupée que j'l'avais pas aperçu arriver du magasin. Il était pas content. J'savais ça parce qu'i' m'a appelé "Lula" et pas "MaLul" comme d'habitude.

Pop a pompé de l'eau dans la bassine pour se laver. J'ai raconté la même explication encore.

"Faudra que j'manque ein grand après-midi d'ouvrage pour aller 'oir à tout ça," a dit Pop.

"Mais quo'faire?" j'ai dit. "C'est ça qu'a arrivé. Quoi tu peux faire asteur?"

"Tu me dis que c'est ça l'histoire," a dit Pop. "J'vas aller savoir la vérité pour moi-même."

"Mais j'te dis la vérité," j'ai dit, commençant à pleurer.

"La fille d'ein pauvre 'tit Cadien, hein? *Well*, j'vas y expliquer quelques 'tites affaires pour les Cadiens. Alle est sûre pas une de nous autres avec ein nom comme *Jones*. C'est une de ces Américaines du nord de la Louisiane qui venont icitte pour se foutre de nous autres équand les temps sont les plus durs. J'vas y parler ein peu d'avoir acheté quelque chose sans qu'on y demande et nous envoyer le *bill* après."

"Alle a pas envoyé le *bill*, Elie. MaLul l'a trouvé dans le paquet," a dit Mom. Alle avait sorti de la porte de la cuisine.

"J'vas parler avec Monsieur *Bush*, aussi. Si le maître d'école peut pas contrôler ses maîtresses mieux que ça, il a besoin de quelques remontrances."

"Pop, s'i' vous plaît, viens pas à l'école," j'ai dit. "J'vas m'en occuper moi-même. J'voudrais pas que tu dis arien à *Miss Jones*."

"T'as honte de ton père? C'est ça, Lula?" a dit Pop. "Après tout ça que j'fais pour vous élever. J'essaye de vous envoyer tous les cinq à l'école pour vous donner eine meilleure vie. J'pourrais vous avoir dans le clos comme les autres dans le voisinage. Mais, non. J'vous envoie à l'école et 'garde quoi faut j'endure."

"La table est parée, Elie," a dit Mom. "Pourquoi on parle pas de ça après souper?"

Pop et Mom m'ont jamais appelée après que j'ai fini mes leçons. J'm'ai couché en jonglant si Mom avait réussi que Pop change son idée et qu'i' vient pas à l'école. J'gardais mes doigts croisés.

Équand la pluie sur la couverture de zinc m'a réveillée, ça faisait encore plus froid dans la chambre. J'savais que ça serait pas longtemps avant que j'attendrais Mom dans la cuisine.

Dans mon 'tit creux chaud dans le matelas de plumes sous les bonnes quiltes épaisses, j'jonglais, "J'savais que ç'aurait été eine mauvaise journée. La 'tite pluie fine a le moyen de nous faire croire que le mile et demi qu'on marche pour prendre le transfer est trois miles. J'souhaite que la pluie tourne pas en verglas.

"Ô, mais là, peut-être Pop va pas venir à l'école. Les mulets aiment pas haler le wagon dans la boue. Si pauvre Pop avait quand même ein cheval. Non, MaLul. Merci Bon Dieu qu'il en a pas parce que si Pop avait ein cheval, i' viendrait à l'école pour sûr. C'est triste, donc, que Pop a pus son Model A de l'année 28. Ce 'tit char-là courait vite, ouais. 'Maudite Dépression,' Pop dit tout le temps."

"MaLul, c'est l'heure que tu te lèves," a dit Mom. "Habille bien Mae Rose. T'attends?"

"*Lula*," a dit Virginie. "Dis à Mom que j'sus malade. J'ai mal de gorge."

"Pouf, t'as pas plus le mal de gorge que moi," j'ai dit. "C'est juste que tu veux pas sortir dans la pluie froide. Tu vas pas fondre, non. Lève-toi."

"J'haïs l'école," a dit Virginie.

"Pas moi," j'ai dit. "J'haïs seulement *Algebra*, et si Pop vient à l'école aujourd'hui, j'vas sûr haïr ça."

"I' dit qu'il sera là à midi," a dit Mom qui était encore dans la porte de notre chambre. "Dépêchez-vous autres, mes filles. Il est plus tard que vous autres croit. On va pas 'oir le soleil aujourd'hui. Le temps va rester couvert."

Toute la matinée, j'jongle au moment équand Pop va arriver à l'école. J'peux penser à rien d'autre.

Dans *World Geography*, Monsieur *Bush* me demande de lire, mais j'peux pas trouver la bonne place dans le livre. Toute la classe rit de moi. Après, j'aborde *Miss Evans* dans le corridor équand j'me rends à la classe d'anglais. J'aime pas sa vilaine frimousse.

J'dis pas arien à *Miss Jones* que Pop vient, juste en tout cas qu'il arrive pas. Peut-être i' va pas venir. Le midi devrait se dépêcher à arriver.

Comme ça mouille, on doit manger notre *lunch* dans le grand corridor. On a presque fini équand Pop ouvre la porte et laisse rentrer le 'tit vent de nord froid. Ça me donne ein frisson tout de suite. Il ôte son chapeau et le cogne contre son genou pour enlever l'eau de la pluie. Quelques gouttes de pluie froide volent sur nous autre à l'autre côté du corridor.

J'me lève pour aller le rejoindre et j'pense, "C'est pas la galerie icitte pour escouer ton chapeau, Pop. Pourquoi t'as venu icitte pour me faire honte comme ça? Quoi c'est toi, tu peux dire à *Miss Jones* et Monsieur *Bush* quand même? Tu peux proche pas comprendre arien en anglais et tu en parles pas ein mot excèpe pour '*Yes*' et '*No*'. J'vas avoir si honte si faut j'dis toutes ces vilaines affaires à *Miss Jones*. A' va croire que j'sus d'accord avec toi. »

"Hé, Pop," j'dis.

"Le temps est joliment mauvais," dit Pop. "J'aurais été icitte plus de bonne heure, mais les mulets ont resté bourbés à l'Anse Levi. J'ai eu pour me chercher de l'aide pour les débourber."

"La route de transfer est pas trop mauvaise," j'dis.

"Ouais, j'vas m'en aller par ce chemin-là," dit Pop. "Mais, j'ai pas venu icitte pour parler du temps."

J'emmène Pop à la chambre de *Miss Jones*. À travers d'eine craque dans la porte, j'la vois assise à la table. J'cogne.

"*Yes*," dit Miss Jones.

"*Miss Jones*," j'dis, "*my father wants to speak to you, please.*"

"*Come on in, Lula*," dit *Miss Jones*.

J'ouvre la porte. Ça me saisit équand j'vois Monsieur *Bush* se lever de l'autre côté de la table au même temps que *Miss Jones*. "*We don't mean to disturb you*," j'dis.

"*Not at all. We're just having a cup of hot tea,*" dit *Miss Jones*.

"*It's a pleasure to meet you, Mr. Meaux*," dit Monsieur *Bush*. I' s'avançe pour donner la main à Pop.

"*Would you like a cup of tea, Mr. Meaux*?" dit *Miss Jones*.

Ça se fait, j'demande à Pop en français s'il veut eine tasse de thé. J'connais qu'i' va dire non. I' haït le thé. I' dit que c'est juste les Américains qui aiment le thé. Après j'dois dire à *Miss Jones*, "*No thank you, Ma'am.*"

J'pense en regardant le plancher, "Ça va nous prendre ein temps infini. La cloche va sonner avant que j'finis de tout y'eux dire ça que Pop a sur son idée."

"*What can we do for you, Mr. Meaux?*" dit Monsieur *Bush*.

"J'ai venu payer l'étoffe que *Miss Jones* a achetée hier pour MaLul," dit Pop. "Tchiens la piastre."

"*I don't understand*," dit *Miss Jones*.

"MaLul a amené ce *bill* et alle a dit que vous autre a acheté de l'étoffe pour son tablier," dit Pop. "C'est vrai ou c'est pas vrai?" Pop donne le *bill* à *Miss Jones*.

"*Yes*," dit *Miss Jones*, "*but I didn't expect for you to pay for it. You should have talked to me about this first, Lula.*"

"*Miss Jones*, j'apprécie tout ça que vous autre essaie de faire pour ma fille," dit Pop. "J'sus après faire tout ça j'peux pour envoyer mes enfants à l'école dans ce *hard time*. J'y'eux dis tout le temps qu'eine éducation, c'est la seule chose que personne peut y'eux prendre. C'est eine chose qu'ils pouvont jamais perdre. J'veux qu'ils aient ein meilleur avenir que moi."

"*You can be proud of your children, Mr. Meaux*," dit Monsieur *Bush*. "*They work hard in their books.*"

"J'sus content de savoir ça," dit Pop. "*Well*, j'veux payer cette dette et m'en aller avant ça se fait tard. Tchiens la piastre."

"*You don't owe me anything, Mr. Meaux*," dit Miss Jones. "*I was glad to do it.*"

"On prend pas la charité, Miss Jones," dit Pop. "J'paye mes dettes. C'est moi qui va acheter ein tablier à ma fille. Personne d'autre, t'attends. Tchiens, prends cette piastre, ou MaLul va s'en revenir à la maison avec moi droite asteur."

"*Very well*," dit *Miss Jones*, en prenant la piastre. "*Thank you very much, Mr. Meaux.*"

"Pas de quoi, Mam'selle," dit Pop. "Faut j'm'en vas. Vous autres peut finir votre thé asteur. Merci, Monsieur *Bush*. Merci, *Miss Jones*. Viens, MaLul."

⁂

J'marche avec Pop jusqu'à la porte. C'est drôle que personne a été en classe. Là, j'me rappelle que c'est Monsieur *Bush* qui sonne la cloche. Tout le monde nous regarde et j'vois Eveline dire quelque chose à Lillian, mais j'm'en fous pas mal. Pop m'a acheté mon tablier et i' m'a pas fait dire des vilaines choses à *Miss Jones*. La cloche sonne droite équand Pop regarde dehors pour 'oir le temps.

"Merci pour le tablier, Pop," j'dis.

"Pas de quoi, MaLul," dit Pop. "Couds-ça bien, ouais." I' grinche ein 'tit peu et ses yeux brillent.

"J'promets, Pop," j'dis. "J'promets."

"Rappelle-toi, ma fille, qu'eine éducation, c'est la seule chose que personne peut te prendre ou te voler." Il est tout sérieux.

"Ouais, Pop," j'dis.

"*Bye*," dit Pop et j'le guette sortir à la pluie et au vent de nord. On dirait qu'il est plus grand que jamais et j'pense qu'i' va pas pouvoir sortir de la porte, à force qu'il est grand.

J'jongle en courant à la classe de *Home Ec*, "Ein tablier, c'est ein tablier, non?"

"Non!"

Louisiamaise

MICHELLE VERRET JOHNSON

Pendant mes années au Monument Acadien, un des docents m'a dit que les noms sur le mur, gravés comme sur une tombe, deviennent les yeux de ces esprits/âmes. Quand j'ai tatoué chaque nom de mon arbre généalogique, j'ai imaginé que je leur ai donné une fenêtre sur ma vie. Une fenêtre sur le présent.

À chaque nom, surtout les noms des femmes, j'ai médité sur cette personne. Je me demandais qui elles étaient, si elles étaient bonnes, méchantes, spéciales ou particulièrement bien aimées ou respectées. À chaque nom, je me souviens d'elles; à chaque souvenir, elles revivent. Elles ne sont pas oubliées.

Gardienne du pochome

MICHELLE VERRET JOHNSON

"Hé, chère! *Come see, I got something for you,*" dit ma mère un jour en novembre.

"Yeah, what's that?"

"THE POCHOME!" ma mère a crié avec un rire.

The pochome. Le pot de chambre. Immédiatement les souvenirs reviennent, souvenirs des ouragans de tonnerre, la belle courtepointe en crochet de Maw-Maw, et Maw-Maw dormant à côté de moi avec ses cheveux en foulard, et surtout l'odeur de Mentholatum.

Ma grand-mère, avec qui j'ai passé une grande partie de mon enfance, avait des idées sur les tempêtes.

"Use pas le phone!"

"Pas de bain!"

"Touche pas la commode! *If you have to go, chère, use the pot.*"

Ça veut dire, utilise le pot de chambre qui était situé sous un petit banc dans le coin de la chambre. Chaque fois qu'il y avait une tempête, je devais pisser dans ce fils de putain d'un pot. Mon frère, ma mère et mon père n'ont jamais souffert de cette indignation. C'était un rituel spécialement réservé pour mes visites.

Aujourd'hui, je souris lorsque je me souviens de ces jours et de ces longues nuits d'été tempétueuses où je tenais mon pipi. Quand je regarde ma grand-mère, je vois une femme qui n'aurait pas hésité à utiliser la commode lors d'une tempête. Il y a aucun moyen pour elle de s'accroupir aussi bas à son âge. Mais jusqu'à il y a quelques semaines, elle avait toujours ce pochome, niché dans sa chambre à *assisted living*. Il y avait trop de fatras dans son appartement.

J'ai regardé ma mère, "*THE* pochome?"

"Yes! I cleared out some things from Mom's apartment. If you don't want it, I'll take it to the Goodwill."

Plus de souvenirs se lèvent, des souvenirs plus anciens.

Souvenirs racontés par ma mère et ma grand-mère des femmes mortes. Souvenirs d'une grande tante qui était si terrifiée par l'éclaire et le tonnerre, qu'elle lui jetait une serviette sur la tête et criait d'horreur jusqu'à la fin. Souvenirs d'autres femmes qui tremblaient et pleuraient devant le chaos extérieur; ces femmes qui ne pouvaient pas supporter de rester seules pendant une tempête. Ces pauvres veuves qui souffraient dans la solitude, leurs cris perçant le silence à côté du tonnerre.

Il y a tellement d'orages dans le sud, chacun avec son propre drame. Mais d'où vient cette peur, une mémoire génétique profonde des temps passés? Un souvenir vague de terreur lors d'une tempête qui a été imprimée sur notre DNA, transmis d'une femme à l'autre? Il y avait-il des tempêtes pendant le Grand Dérangement? Moi, je n'ai aucun souvenir de la peur pendant les ouragans de tonnerre, mais j'ai de forts souvenirs d'utiliser un pot de chambre.

"*MY* pochome?!" j'ai crié. *"You can't take that. No way. I can't have the pochome that I used to piss in for sale at the Goodwill. I'd be so honte!"*

Hélas! Asteur, je comprends pourquoi ma grand-mère a gardé ce pot.

Mon pochome à Goodwill? JAMAIS.

Petits poèmes sur Poitiers

ERIN SEGURA

L'ARRIVÉE

En prenant un double-café
et portant mon tricot déchiré
je jongle à toi sans cesser –
Bienvenue à Poitiers

LE DÉPART

Plus envie de voyager
plus envie de fêter
juste envie de rester
de te voir à Poitiers

Savoy Family Waltz

ANN SAVOY

J'vas traverser au travers du clos
Là-bas où les oiseaux
Sont après, ouais, voler
C'est la maison de mon cher bébé
Il y a si longtemps, j'ai pas connu
Je m'avais pas, mais, aperçu
Comment gros, ouais, je l'aime
Ouais, son 'tit cœur aussi aimable.

Et quand je vas arriver
Je vas tout le temps, ouais, la soigner
Je vas la tenir dedans mes bras
Je vas jamais, mais, la quitter.

Le brouillard après se lever
Mes idées sont éclaircies
Et je souhaite elle va pas me blâmer
C'est la maison de mon cher bébé.
Les années vont passer
Et un cœur peut oublier
Je vois asteur qu'elle est le seul
Le seul trésor dedans ma vie.

Et quand je vas arriver
Je vas tout le temps, ouais, la soigner
Je vas la tenir dedans mes bras
Je vas jamais, mais, la quitter.

On va valser

MORIAH ISTRE

Il faisait froid et je dansais dans ses bras dans la nuit
On jouait comme les amis et on s'aimait dedans le moment
La silence 'tait cassé par le feu et par le vent
Et là dans une voix tremblante…je m'ai dit

Je serais pas toujours jolie, au lieu de la paix, la folie
C'est effrayant de voir les bouleversements de nos vies
J'attends tes pensées même si ça me fait du mal
Dis-moi la verité et sois honnête…j'ai entendu

On va valser
À travers de tous les âges
On va valser
Ta beauté, je peux jamais oublier
Personne peut prendre ta place
Oui je te veux à mon côté

J'ai passé dans la porte d'en l'arrière, il y avait du train dedans
J'ai vu ma femme, une mère, courir 'près nos 'tits enfants
J'avais pas de choix j'étais si content
Et là un moment d'hésitation…oui je m'ai dit

Je serai pas toujours si fort, ma jeunesse s'en va si vite
Dans l'avenir je pourrais pas travailler comme aujourd'hui
Et quelquefois, j'ai peur que c'est pas possible
D'offrir tout de ça que tu mérites…j'ai entendu

On va valser
À travers de tous les âges
On va valser
Il y a juste toi qui va me becquer, qui va prendre ma main
Personne peut prendre ta place
Change ou change pas, ça va pour moi

Je te veux à mon côté
Change ou change pas, ça va pour moi

Au fond du lac

ANNA LAURA EDMISTON

Y'a une pierre au fond du lac où mon amour est endormi
Il y a un lac en bas du pont où il a pleuré
Mais si un jour il décide de remonter à la surface
Peut-être bien que j'vais pouvoir le consoler

REFRAIN:
Le ciel était si beau avant que tu amènes la pluie
Mais on s'habitue à être inondé
Les fleurs et le soleil me manquent le long de la journée
Redonne-moi tout ce que tu m'as pris

Y'a des malheurs éparpillés dans la maison où il m'a aimé
Là où on entend encore crier
Tu peux entendre les échos de toutes les années qu'on a passées
À se chavirer tous les esprits

La nostalgie

RENÉE THERIAULT

C'est un chemin risqué d'émouver le passé
Mais je m'y trouve souvent
Pourquoi me sentir reconnaissante
D'avoir des souvenirs si tant
C'est un poison doux qui fait mal
Et pourtant, j'en bois tout le temps

Dépaysée

VALERIE BROUSSARD BOSTON

Dépaysée. Équand tu commences à oublier les paroles d'chanson
qu'étaient dans ton esprit avant de quitter.
S'a adaptée. Équand tu réalises que ta nouvelle phase est pas si pire
mais tu t'ennuies d'un tas d'affaires anyway.
Maîtrisée. Maître-aisé. Deux périodes d'études différentes.
Moi. Une Femme militante devenue femme d'un militaire.

Valerie Broussard Boston est une mère de famille qui est en « exile » au Missouri avec son soldat/musicien. Elle sera toujours franco-louisianaise.

J'ai changé mon idée

ELLE ANGELLE

J'ai changé mon idée,
C'est pas comme je croyais.
Moi, j'n'veux pas ça,
Et moi, j'n'veux pas d'toi.

J'n'suis pas désolée,
Mais tu n'es pas l'homme pour moi.
J'ai changé mon idée
C'est pas comme je croyais.

Mon cœur est trop fort
Et mon esprit est trop brillant,
Pour m'faire moi-même contente
Avec un homme comme toi.

J'ai changé mon idée,
C'est pas comme je croyais.
J'ne serai pas malheureuse,
Et pour ça, j'n'suis pas désolée.

Cadeau

CHÈRE AMIE

Ma mère a pleuré:
Oh Malheureuse!
A woman
Unhappy
dans cette vie.
Ses rêves, eaten by
    her own Cauchemar.
Oh Malheureuse!
Unhappy
Elle m'a dit
until the end.
Mais my mama wanted
    un changement pour moi.
Pas Oh Malheureuse! from ma bouche.
For this gift, ce cadeau, je dis

Merci Mama.

Tu sais

LOUISETTE LEBLANC

Té vini trouver ta jolie blonde,
Ta chère joues roses,
Ton cher 'tit cœur,
Au ras d'la mer,
Pour l'amener voir l'reste de ton 'tit monde.
Même qui fallait prendre une pause,
On rêvait d'la même affaire.

Tu sais,
Moi itou ch'avais point comment j'allais faire.
Tu connais,
C'est point juste toi qu'avais d'la peine.
On trouvera une manière,
J'me disais.
Les couleurs ça s'mêlent pas mal,
Comme les tounes,
Au Blue Moon.

Le temps a passé.
Les chemins, t'as roulés.
T'as chassé pour d'autres cœurs,
Laissant que des traces de malheur.
Tu seras pu avec moi.
Mais nos yeux sentirons encore la joie.
Ça vera.
J't'oublierai pas.

Les feux se sont calmés,
Et là, j'm'ai retrouvée.
Mes bottes me menant de l'avant,
Pour r'trouver un autre amant.

Tu sais,
J'étais heureuse,
Y l'était temps de partager,
De s'amuser, de danser, de chanter, d'explorer.

Tes yeux qui brillaient à côté des billots en feu,
La boucane qui dansait dépassée minuit,
Quand on s'est fait emporter,
Par les étoiles de la nuit,
Ti peu par p'ti peu.

J'voulais être plus qu'une chère catin,
J'voulais être ta chère 'tite femme.
Mais t'étais après m'quitter,
Et pis bin que j'ai braillé.

Tu sais,
T'essayais toujours de trouver ta place,
Et t'avais jamais d'la place pour moi.
Tu jonglais toujours seul dans tes pensées,
Mais souvent j'crois qu'tu voulais juste mes mots,
Pour jouer dans tes chansons.

Si tu t'en vas chanter,
De ta "chère malheureuse",
Oublie point quand tu chantes,
« Tu m'as quitté pour t'en aller »,

Pourquoi t'es point venu me joindre?
Mais pourquoi c'est juste à la femme à rester?
Pour que tu m'laisses icitte toute seule?
Ton cher bébé.

Garde dans ton miroir,
Pis oublie point,
Un malheureux,
Fait une malheureuse.

Tu sais,
J'avais un tas de misère,
Du vrai mal.
J'voulais juste que tu m'tiennes dans tes bras,
Mais tu voulais point v'nir soigner ta 'tite femme.
Tu voulais rinque une jolie fille,
Pour dire aux autres.

Vas point dire que c'est à cause qu'a voulait point t'marier.
C'est qu'tu savais point vraiment l'aimer.
Parlez-nous à boire, non point du mariage.

Asteur moi chu gone,
J'ai fermé la porte en arrière,
Chu encore vaillante,
Pis j'vas passer par la porte en avant.

Tu sais,
On choisit une malheureuse,
Autant qu'on choisit son malheureux.
Peut-être un jour viendra,
Ayoù'ce qu'on regrettra tout ça.

J'sais pas.
C'était ta ligne préférée.
Mais moi j'crois que tu savais tout l'temps.
Tu sais?

Je suis pas à blâmer

MEGAN BROWN CONSTANTIN

Je suis pas à blâmer pour tes misères
Je suis pas à blâmer pour tes peines
Tu t'es trompé d'une vie pleine d'amour et bonheur
Ouais c'est toi qui dois prendre de la blâme

Il y avait un temps quand tu m'aimais
T'as pris soin de moi et tu m'embrassais
Mais asteur j'ai pus ton amour
J'ai tourné de la page, je suis pas à blâmer

Je suis pas à blâmer pour tes larmes
Je suis pas à blâmer pour des années gaspillées
Tu t'es trompé d'une vie pleine d'amour et bonheur
Ouais c'est toi qui dois prendre de la blâme

Quel paradis je croyais j'ai trouvé
Nos deux vies toutes entremêlées
Mais asteur je me trouve toute seule
J'ai tourné de la page, je suis pas à blâmer

La danse d'Armantine

MONIQUE VERDIN

"Tu peux pas arrêter de danser endans le milieu de la danse."

Monique's grandmother Armantine said this after riding out Hurricane Katrina at her home in eastern St. Bernard Parish in 2005.

Le carencro le pond

FLORELLA VIGÉ INHERN

Accordant à ma grand-mère Celima Breaux Legé de la Prairie Ronde: *when a woman was with child out of wedlock but didn't know who the father was it was said:*

Mais chère, qui c'est qu'est le papa?
Mais j'connnais pas ça. Le carencro le pond et le soleil l'éclôt.

Collected from Mrs. Florella Vigé Inhern, 91, of Opelousas.

Les vagues

LEAH ESPINOZA

Les vagues tombent sur la côte
Les oiseaux s'appellent l'un vers l'autre
Le soleil brille sur l'eau
Et illumine toute la faune et la flore
L'eau brille avec différents verts et bleus
L'océan apporte la paix au monde qui nous entoure.

La fille astronaut

JADE BOUDREAUX

Peut-être que la fille astronaute n'a pas besoin de sommeil.
Mes cheveux sont la couleur des galaxies et
Mes mains sont nées dans des univers.
Je parle avec des pierres et des molécules, puis je laisse les molécules s'habiller dans l'écho de ma voix comme des vêtements.
Le temps file, une salamandre entre eau et terre, entre passé et futur, il dit.
Je dis, Ils disent qu'ils ne peuvent pas prendre feu.
Certains jours, il essaie d'attraper mes molécules. Les autres jours, mes salamandres.
Mais chaque jour, je brûle.
Peut-être que la fille astronaute ne rêve pas seulement en décimales
Mais parfois aussi des fractions.
L'arithmétique de mes yeux multiplie l'espace.
Je raconte les histoires de l'océan, et ça tourne comme un enfant agité.
Je sais que ça ne fait rien.
Il écrit toujours des lettres aux couleurs orange et jaune,
Et il leur raconte des histoires de mes yeux.
Au loin, je laisse les étoiles rendre ses lettres.
L'avenir n'a pas de rivage, ils disent.
J'essaie de le trouver quand même.
La marée n'a besoin d'aucun endroit pour se reposer, ils disent.
Ça va, je ne suis pas fatigué.
Et au loin, je fais réveiller les planètes pendant que la lune défait ses briques et recommence à se construire.

La petite envie de la bambocheuse

BROOKE BROUSSARD

Ma mère chante comme un ange.
Et mes pieds sont bruns avec la boue.

Le sang sur mes pieds est brun et bleu -
    comme la terre,
    comme la mer.

Je bois et je tombe au centre d'Abbeville.

Peut-être mes chansons vont faire de moi un ange,
    comme ma bonne mère.

Je crois que je suis sacrée
Parce que ce sont les chansons de ma mère.

Je vais devenir une veille femme

KARA ST. CLAIR

Je vais devenir une vieille femme.
Mes cheveux vont devenir gris.
Mon visage va changer avec les rides et
mes mains vont se transformer en formes étranges
comme des arbres nus
qui poussent de la terre froide.
Je vais passer lentement
pour te saluer quand tu
frappes à la porte.
Je vais te demander d'enlever tes bottes
et je vais te dire d'admirer les photos de mes petits-enfants
aux cheveux blonds
souriants
avec des dents manquantes.
Je vais te dire comment lui,
Il ressemble à Pop
et comment le plus jeune
est canaille canaille
et je vais fermer les yeux
et rire.
Je vais te montrer la photo du mariage et
je vais te dire que
personne ne réalise jamais
la beauté
l'amour
la joie
de la vie et puis
c'est trop tard.
Je vais te dire que les seules choses qui me restent

sont ma santé
et ma maison
Mais tu connais que les photos
sur le mur
racontent une histoire différente.
Et toi,
tu vas espérer secrètement que tu vas
Devenir une vieille femme
aux cheveux gris
avec les rides
et les mains
comme des arbres nus
qui poussent de la terre froide.

Hier soir quelqu'un m'a dit

CLÉLIE ANCELET

Hier soir quelqu'un m'a dit que mon français est agressif
Que le français de la Louisiane se semble agressif.
Comme nos mots et façon de parler sont agressifs
Et ça m'a blessé.
Comment il peut entendre les mots
Que j'ai appris de toi
Et Mama
Et Mamie
Et Papa
en pensant que c'est trop dur quand,
à mon avis,
C'est chaud et doux et tout ce que je manque chaque jour?
Je sais qu'on parle fort
Que j'avale mes mots
Et que nos phrases sont différentes,
Mais comment je peux expliquer
La douceur et tendresse de mon enfance
Avec quelqu'un qui ne croit même pas que je parle un vrai français.

À l'avenir

CLÉLIE ANCELET

Je n'ai jamais pu crier sur les bayous.
Comme pagayer pour des prières
perdues dans la boue qui
prend et prend et me garde prise
dans une place où l'eau sale
saigne plutôt rouge vermine que vermilion.

Mais non,
Je suis née sur la prairie
ayoù les arbres chênes coupent
même pas les couleurs du soleil
et le foin
qui coulent avec le vent
pour rendre sacrés
les chemins de vaches qui
sont formés en rivière.
Là nous marchons
pour gaspiller le temps
en parlant doux
vers Dieu tout le long au l'horizon.

ENGLISH TRANSLATIONS

ETHEL Ô MALHEUREUSE 7

Ethel Mae Bourque

Oh when I was born, a long time ago
with long black hair
Eyes brown as muscadines
Oh when I was born, a long time ago
Me, I was my Daddy's girl.
I wasn't at all what he needed
My dear father was a poor farmer
But if he wanted a little boy
I sure never heard him show it
Me and my Daddy and my dear little brother Jess
We hunted and we fished
We trapped along the Bayou Vermilion
To make a life, the life of poor unhappy people
Me, I don't follow my Daddy along the Bayou Vermilion anymore
I follow my old dog Speck
We cross the cherokees/wild thorny rose patch
We cross the briars/blackberry bushes
And we cross the marshes
To make a life
The life of a poor unhappy woman.

THE BUTTERFLY 8

Sylvia Morel

Claustrophobia engulfs her,
And she wishes she could fly,
But a cocoon wraps around her, And desperately, she cries,
Wings are tightly pressed against her, And she knows not how to start
To release the inner beauty, So, sadness fills her heart.
She feels drab and unimportant, Dressed in shades of black and gray, But, instinctively, she knows
That she must fly away. When, at last, she gains her freedom, And her wings are free to fly,
Her spirit soars, for now she knows, At last, she is a butterfly!

IT'S SO SAD WITHOUT HIM 9

Megan Barra

On her wooden guitar
Notes and melody lace
Through metal flower petals
And resonate a prayer that he will return

With needle and silk thread,
Buttons and bellows
She sings a promise that she will wait for him
She plays a melancholy tune

SHAKESPEARE, SURVIVAL, VANILLA 10

Maggie Perkins

An English-speaking sea
An English-speaking mother
It's better in English
It's my English mistakes
What use is English to me
other than Shakespeare and survival?
Faulkner's nice, but in English
We hear a lot of lies
like:
"You'll confuse them. You'll hold them back..."
and
"We have room for but one language in this country."

It leaves a bad taste
Even if in Faulkner there is
an eternal, awe-inspiring truth
I can find that same profundity
in the word "*calimatcha*"*
And *calimatcha* tastes better
But the cost?
It costs a lot these days
The ingredients: rice, meat, trinity...
          and 5 years of your life learning to speak French.
That's more expensive than saffron
More expensive than vanilla

**"Calimatcha," also called "galimatias," is the name of a rice and meat dish. It is not the sort of thing you would see on a restaurant's menu, but it is the sort of quick meal women like my mother made for their families on a busy evening.*

THE OLD MAID (MAKE LOVE OR MAKE WAR) 11

Maggie Perkins

I'm not going to Lafayette
I'm not going to change my name
I'm nobody's pretty blonde
I'm not even blonde
I'm neither wretched nor cruel
At 5 foot 8, I'm too tall to be a cute little thing
And now that I'm 30, I think my parents would be
happy to see almost any guy by my side
(Even though, for me,
just any guy won't do,
clearly)
No, I don't make trouble
and I don't lead them on
But
I do what I want
It's not so sad without him
And even though I'll never have my revenge of the cradle
And even though my body will be under a gravestone
With my dead tongue in my dead mouth
I will spend the rest of my days on this earth
Repeating
amidst all this English cacophony
Y'all had some
Y'all aren't gettin' no more.

A QUESTION TO THE PRAIRIE 12

Sandy Hébert LaBry

During the seventies and eighties, I lived in the town of Eunice which is situated on a prairie called Faquetaïque, an Indian word.

One day during this time, I visited Dennis McGee, an old violinist. Dennis told me a story from his youth. He said that on Christmas Eve he joined other young men to go from neighbor to neighbor on the prairie and have a drink with each one; at each house after having emptied the bottle, they would take the man of the house with them. And when the sun rose, they had a big band of men -- around sixty, he said. Undoubtedly sixty intoxicated men.

Beautiful Prairie
Faquetaïque
At the beginning of the past century
You witnessed the story
That old Dennis McGee told me

A bridge for the floor
We danced like whores
Above the bayous and coulees
Just men, no women
The heels of our boots hitting
Against the cypress wood
Arms open to let free
The miseries of our hearts
To release our cares to the winter winds
Along with the music of our violins

We were joyous
We were drunk
This big band of men
Almost all farmers
Rolling from neighbor to neighbor
On the prairie
Drinking goblets of wine
Singing and dancing
On Christmas Eve
Until dawn the next day

Beautiful, mammoth prairie
Where are they now, these men?
Surely
Your land
Is large enough
To hold their bones
But your sky,
Beautiful prairie,
Is absolutely too small
To hold their spirits.

So, where are they now,
These men who danced on Christmas
Until dawn?

BEING CATHOLIC IN VILLE PLATTE 13

Sandy Hébert LaBry

Born Catholic, Mrs. LaFleur believes in God.
She goes to Mass every Sunday.
With her friends she gathers once a week
To say the rosary

In her car
On the way to the casino.
May God bless her!

MY GRANDMOTHER'S DRIP-COFFEE POT 15

Sandy Hébert LaBry

My grandmother's drip-coffee pot
still sits on my stove
a gift from my mother without a recipe
but with an understanding of the rituals
of making coffee
in a patient way
slowly
three teaspoons of boiling water at a time
and then three teaspoons more
until the pot is full
just as we have lived our lives
we
my grandmother,
my mother
and I
little
by
little
like making coffee in the
drip-coffee pot

REFLECTIONS WITHOUT A MIRROR 16

Brenda Mounier

Mais where WERE you, dear?
I've been looking for you for so long
And there you were, right under my nose
The whole time.
I didn't appreciate you when we lived together. Huh! No wonder.
I didn't know who you were, but
I had to listen to you, listen to you,
En français.
En français.
But NOW that I'm far away from you, I find myself looking for, searching for, Hoping to hear the sound of
A fiddle,
That'll make me dance

Yes.
Now you make me feel like dancing.
Now that I've found you
I'll never be able to dance enough. You're in my veins, so strong
You bring tears to my eyes,
I love you so much...
Now
Now that I know who you are.... And who I am,
We get along fine, don't we, My Louisiana?

EVANGÉLINE: THAT FAMOUS MAID IN THE SHADE 17

Brenda Mounier

You may have heard poet Longfellow's story about Evangeline & Gabriel.
Her statue sits behind the church in St. Martinville, LA. Ah, but do you know the rest of the story?
Evangéline: that famous maid in the shade
Far away from times ago
when moss swayed, a gray wig in the treetops. Forced out of Acadia
such a long way
and one day
finding yourself down here among us,
the Cajuns.
200 long years, a bit too long to be sitting behind that church, waiting. For Gabriel.
The bells ring. It wakes you. Yawning, you stretch, a bit stiff. So tired of sitting,
you decide to get up.
That's enough.
Gabriel should be here by now.
People stand watching you, frozen on the sidewalk.
Never witnessed a statue rise, yawn, stretch and walk casually down the streets of St. Martinville.
You pause along the edge of the Bayou Teche.
behind the Acadian Memorial.
Hand outstretched, you gently touch the flags dancing in the breeze: French, Acadian, Cajun ...
American.
The bells ring once more.
You pay them no mind. You walk, float, ghostlike.
On your sweet face,
A smile.
You read the only English word you know. It's here, it's there.
It's everywhere.
Your name.

You blush at your unexpected celebrity status,
Everyone seems to know you.
Goodness! What happened while you were sleeping?

You're a fireman, you're a baker, a veterinarian, and a jockey.
You sell furniture, you sell gas, coffee, and tires.
You do portraits, give loans, sell paint and steaks.
You have a park and a tree named after you. Yes, and even a cemetery.
Evangeline Oaks Apts., Evangeline Savings and Loan, Service Station, Bank & Trust Co,
Evangeline Café, Furniture Store, Vet Clinic.
Evangeline Elementary, Paint & Body Shop, Evangeline Galleries, Memorial Garden, Self Storage
& Steakhouse.
Evangeline Shrine Club, Evangeline Specialities, Evangeline Tire Company...well... well, you're
rich !
Hey, Evangéline. *Hein*, Evangéline? Who would've thought!? Who would've known
That you'd become so well-known
So far from home,
So....made in the shade?
Gabriel? Who's Gabriel?
What?
Aw... forget that and go bayou some stuff.

LIFE IS A DANCE 19

Brenda Mounier

Personally, I see life as a dance.
It can be either a waltz
or a ballet.
For us women, it's usually the latter. Let me explain.
Picture a ballet.
The ballerina flies through the air.
Falls on her derrière.
She bends over backwards.
Sometimes ending on all fours.
She does her *pas de deux* steps.
Sometimes they're real ones.
Sometimes they're
false
steps.
She prances circles
trots
and gallops. Slides
and glides
forward backward
backward forward.
Walks diagonally on tippy-toes
as if avoiding stickers
in the grass.

Tumbles, dragging twisting collapsing.
Oh, yes.
Ballet is work.
And when she's all done everyone applauds.
The dance is over...and so is life.
Yes. For us women, life is a large **balai*. And often it's a large mop too.
*broom

A HEART CAN BREAK MORE THAN ONE TIME 21

Debbie Hardy LaGrange

For every beautiful memory
I have wasted time
How I wish
You were always mine

Chorus
A heart can break
More than one time
I can count all of my heartaches
On every finger

I won't share your love
It hurts too much
I give you all of my love
Why isn't that enough

A heart can break
More than one time
I can count all of my heartaches
On every finger

After a time comes another
That's just the way things are
Everything will be as it should
When I find a new lover

A heart can break
More than one time
I can count all of my heartaches
On every finger

ALL NEW ALL BEAUTIFUL 22

Debbie Hardy LaGrange

When I first saw you
You were like a tiny gift
I had to have you
All new, all beautiful

Chorus
I promised you a life
Like a paper bag full of music
Instead, I broke your heart
Oh yi! You're going to leave me

My Darling, I love you
You tried from the start
The problem is mine
You can't cure my faults

I promised you a life
Like a paper bag full of music
Instead, I broke your heart
Oh yi! You're going to leave me

I played my music
All over the place
It wasn't long
Before the women drove me crazy

I promised you a life
Like a paper bag full of music
Instead, I broke your heart
Oh yi! You're going to leave me

Times are changing
No more of the same
You want a good life
Without all this pain

I promised you a life
Like a paper bag full of music
Instead, I broke your heart
Oh yi! You're going to leave me

When I first saw you
You were like a tiny gift
I had to have you
All new, all beautiful

POP TOLD ME 24

Debbie Hardy LaGrange

I said, Pop, my nose is too long
I look like a *grosbec*
Pop said, don't worry about your nose
Worry about what's in your head
As long as there is one
The men will hunt for a Grosbec

I said, Pop, the boys want to stick to me
What should I do
Pop said, let them go
Get them on the run
Tell them if you want to stick to something
You'll buy yourself a chew of gum

I said, Pop, I don't like to cook
When I hear, Wife, what are we going to eat
My little girl, listen well
When you hear him knock knock
Just tell your husband
Are you in the mood for *tac tac*

A man likes to hunt
A man likes to eat
A man likes to stick close
That's just the way they're made
Give your husband his gun
Give your husband a plate of food
Give your husband some love
Then my girl, stay out of his way

I said, Pop, what will my husband do for me
Pop said, my little girl, look at me
He will give you the sun, the moon, and all of the stars in the sky

A GOOD WOMAN 26

Emily Thibodeaux

Would you want that when
the ladies have their coffee leaning over their kitchen tables, playing bourée and
when they mention your name,
do you want to be a good woman?
My grandmother was a good woman because she took care of my alcoholic grandfather, and because she smiled a lot, cooked for her family and loved Jesus. When her husband betrayed her with the barmaid, and when she became pregnant, she acted like nothing happened?
Is being a good person the same thing as being a good woman?
In South Louisiana where you're always someone's little girl?
The endless questions:
Why don't you smile?
Do you believe in Jesus?
Are you a mom? Do you have kids? When are you going to have them?
You'd better decide if you want them.
My grandmother took her calm pill for when everything became strange and the lights became blinding.
I remember that yellow-orange light and her big wooden table that took up all the space in the kitchen.
My grandfather was a good man because he continued to go off-shore to support the family even after he exhausted himself.
A good man works hard.
A good woman runs the house. She shuts her mouth.
How could she be a good woman if she talks too much? Or if she's judgmental?
If her words are harsh and she makes fun of you when you mess up?
Is she a good woman, even if she always wears pants? If she drinks too much?
If she has doubts about the people in charge?
And even if she doesn't believe in God but in the power of her own spirit?
Even if she never has kids?
And if she changes her path and her mind over and over?
And if she asks too many questions?
She already questions herself too much...
There was a wild woman who ran naked in the woods and nursed wolves from her breast. She laughed in the faces of terrified men, and created her own world for herself and for others like her.
And if we could find her again?
How could I be a good woman if I distrust others? And if I don't know my neighbors, and they don't want to know me?
I won't visit my great-aunt or cook for Pop who has cancer. There aren't any children who knock on my door. The telephone doesn't ring. I am not a part of that past world, which only exists in my mind.

SAC-À-LAIT BABY 28

Juliane Mahoney

When I play music with the band
I just wanna dance with you
But I watch you dance with another
My heart hurts, you do not see
OH YE YAILLE it's good you don't know
Because baby I know
When I dance with you, I just wanna...
Play music with the band

THE BAD GIRL 29

Juliane Mahoney

I am the bad girl
who comes from Grand Beri
the queen city
with lots of sugarcane
I always walk alone

I
Don't give me your lil heart
I skin hearts like I skin fish
in my trail, I throw them into the Bayou Teche
they sink to the bottom
with all the bottles of Bud Light
with the club sho boat
with all the cow carcasses

II
My mom and dad raised me good
but something in me is crooked
we went to church every Sunday morning
but me, I know I will never see the good Lord when I die
yeah over there in Iberia parish

III
That day, when everybody went to church
I left the Beri
I went to Breaux Bridge to see the band called Cajun Gold
I danced with them good men and them bad t-boys
I like them both the same
in my little short dress

hot like Tabasco
drank Bud Light in the sunlight
and I felt nothing

IV
I lost my heart
I searched along the Bayou Teche
I looked at Cypremort Point
I searched in Grand Coteau
but it's gone
But if I could find my heart
I would give it to the devil just for another good time
Because I am the bad girl
from Grand Beri
for the rest of my life

I'M UNHAPPY 31

Heaven Moore

I'm unhappy because I'm in love with a man who loves me ... a lot. We often talk to each other and we share the same ideas and growth. He likes my presence, in real life and at a distance. He can trust me and feels safe. He intrigues me: his life, his education, his future plans, all: his faults included. Still, I feel that these feelings are not shared, that he is looking for something more that he cannot find in me because he is reluctant to really stand up to me. I try to convince myself that "maybe he loves in a different way". But even if that's true, does it validate the fact that I feel badly loved? I stay because I think maybe he will love me with time; I try to convince him with my actions that I am enough. But when will I realize that with every day I spend convincing him, I miss the chance to meet someone who will see my value since day one.

ORION 32

Ashlee Wilson Michot

When I was young
I searched for someone
I looked on earth and in the clouds
And like a woman
I looked around the world
For a man to build my life in homage

But in the blue of the horizon
When the full moon is in the cove
When the Earth turns around in space
I see you far offshore
Underwater, a reflection

Together in the stars, Orion

When women hope for a man
They search the whole world and in the clouds
And I search deep space
For a shooting star
But you are fixed in my mind, Orion.

MALHEUREUX 33

Ashlee Wilson Michot

Hey what do you want with me dear?
Hey you unhappy man.
Because I have nothing else to give you
And I don't wanna listen to you anymore
And "if I wouldn't have listened to the counsel of others
You would be with me here today"
So what you want with me, dear
Hey you unhappy man.

Hey I don't have any more tears to cry dear.
For you, miserable one.
Because I have nothing else to know
And I have nothing else to say
And if you don't leave me alone
I am gonna flip it
And leave you with this thing
In your hand.
So what you want with me?
You unhappy man.

DAYBREAK 34

Kristi Guillory Munzing

Paint a song
Of mountain summits
Sing the flight of an eagle
That illuminates the highest Heavens
I write for a dance
A gift for your soul
I give you angels' wings
Aurora Borealis

Carve the voice of the waves

That swear an oath to peace on Earth
Sing the suite of ravens
The howling of wolves
I write for a dance
A gift for your soul
I give you angel's wings
Aurora Borealis

THE BEGINNING OF THE END 35

Kelli Jones

Come, sit next to me
And we can see
Our world that will change
We had a beautiful moment
We were flowers in the spring
Until love wilted

We are at the twilight that becomes night
And we understand
We are at the twilight that becomes night
Looking at the beginning of the end

Yes today
I have lots of friends
But I know maybe there will be a day
Where we'll have to separate to really find
The life we deserve

We will be joyful
We will be a little afraid
And we will understand
We will be joyful
We will be a little afraid
Looking at the beginning of the end

OF SPEAKING FRENCH AT SCHOOL 36

Catherine Lowe

It was not even 80 years ago
That a little boy was punished at school
Because he spoke French.
And, now, in 2018,
His granddaughter is paid by the state

To teach in French immersion.
Irony? Or justice?

COMING OUT 37

Catherine Lowe

I knew that I would have to come out of the closet,
As we say,
More than once.
One doesn't say, "I'm a lesbian," just once.
Never.
But no one ever told me that I'd have to come out
Every time I speak French.
–You're French? Your accent is excellent!
–You're Belgian? There's no doubt!
No, *mais* no.
I'm *louisianaise*.
I'm a Cajun.
I'm from *here*.
And now I'm proud to speak French.

IN FRENCH, IF YOU PLEASE 38

Viola Fontenot

This Louisiana woman was born speaking French
the names Fontenot and Doucet
with Hebert's - LeJeune's are all mixed up.

To sing and dance is fun amusement
but in French dear, if you please
and do pass down that good cup of coffee
to all the folks here at the French Table.

The Cajun folks of Louisiana
still like to speak their Cajun French
cousins, let's all dance
to *les haricots sont pas salés*.

Look here, Steve Riley is arriving
his accordion he is playing
our fantastic Cajun music.
So one more time dear, if you please
let us speak in our wonderful French language.
Let us all speak in our wonderful French language!

LONG LIVE THE FRENCH LANGUAGE WITH MAVIS FRUGÉ 39

Viola Fontenot

Long live the French language with Mavis Frugé
Viola Fontenot and Brenda Mounier
Tonnerre Mes Chiens by Amanda Lafleur
Earlene Broussard and Kirby Jambon
All in French - so close to our hearts
Long live the French language with Mavis Frugé.

Long live the French language at Nu Nu's French Table
where many folks gather once a month on Saturday
to save the French language, our music, our culture
it is all about French with Mavis Frugé.

FOGGY HEARTS ON BLUE ROCKS 40

Rachel Doherty

Down the rocky lane I go,
Hoping I'll clear my head
From its wanting you.

Always waitin' on you; when
You flash on my screen, vibrations
From across the Atlantic.

And it gets to be too much.
Leave the phone.
Bound to(wards) the Bay
Purposefully.
I'm still not free.

And I tell myself:

"Breathe in sweet hay and salty air from the promised land.
Write a poem, maybe a song, some notes.
Even in English, whatever!"

So, I look to my favorite haunted house.
(Y'know that one on Baie Sainte-Marie?)
My pet fantasy.
One day I'll fix her up.
She'll become my writing cabin,
Wintering there when I

Finally have the courage
To navigate waves of seasonal depression.

Back in Lafayette, there's another house that haunts me,
One I want to decorate.
I could restore it! Save it from oblivion!
My mockingbird gothic mansion.
One day it could house visionaries like us,
Ones who come dream in French future tenses.

What if we built a courtyard?
And that building in the back, it could be the *garçonnière*.
And if young women passed through our gates,
On this isle of the archipelago, could we sow a romance?
Reap more fruit now; it's not too late.

Hey baby, I also have plans for your house.

I'm goin' overboard with my mansion fantasies.
I wanna live all across the continent
In those intimate corners of *la Francophonie*,
Where my tongue feels more at ease.

I dreamed too about a house *en Ville*
(That's what we call New Orleans in Louisiana French, *bèb*).
What if we moved to Halifax too, darlin'?

I'm fallin' overboard now.
Like the eponymous lamb, all innocent,
Like Champlain's sheep, carried by the tide.

Got a feeling, *cher*, something is immanent.

THE SMELL OF LIGHTNING 42

Melissa Bonin

Struck down
I taste cerulean eyes
light across the curve of my breast
Lap each line and phrase
Flash of flesh
Blinded I am left to smell
the crimson of his fingerprints

THE FLORA OF LIFE 43

Anne-Julia Price

Caress the
stem of my arm.
Fold
petals around my waist.
Quench the
fumes of my fears.
Kiss my
fragile leaves.
Protect the
cells of my tender bud.
Feed me.
Do not hide me from the sun.
Embrace me
with tenderness.
Excite me
with new ground.

GONE AWAY 2-STEP 44

Marie-Isabelle Pautz

I'm gone away
To find the time to come
I'm gone away
To come on back to where I'm from
And when I return
I'll find myself here again
Just like they say in those alchemic hymns
I'm gone away
To the far-off lands

It been a long time, dear
That my heart, it's called
To those days
Of sunlight and breeze
My heart pulls me towards questions in the air
It's the same old silliness
Of age-old cares

Me, I was born
To give my love away
I've got things to do

Things I wanna create
Now how you think
That I would sit and cry
Oh no sweetheart
We were all made to dance and fly

I love you all
With all my soul
I love you all
Though it might cut close
Who could think
That I would let you down
Oh no honey
We join in, with everyone around

Me, I'm gone
To the golden leafed woods
Me, I'm gone
Run the prairie roads
Blanketed you'll see
In Beauty
There are some things that we can't describe
These are the things that I'm gonna sit and imbibe
I'm ready to go
To these homelands here

THE TONAPATCHAFA **46**

Rachel Baum Lafferrerie

When I was growing up, every so often, we all gathered around to listen to my grandfather and my uncles tell the story of Tonapatchafa. Even now as an adult, I still remember the story and shudder when the sun is going down and I'm in the woods. The body of the Tonapatchafa is like a man's, only cut in half from top to bottom. He comes out of hiding at sundown and waits behind the trees for his unsuspecting victims. To trap them, he whistles an eery, bewitching melody that draws to him anyone in his vicinity. If one follows this melody, one finds the Tonapatchafa. If one finds him, one must wrestle him. If the man wins the struggle, he is free to leave the woods safe and sound. If the Tonapatchafa wins, the two switch bodies. He leaves the woods in his victim's body and his victim becomes the new Tonapatchafa…

In the woods of that fair land
Where the oaks stand strong and high
The *feu follet* runs after
Those who wander late outside

It's there in Louisiana he
Who unnerves the *Cauchemar*
The *Rougarou* so frightening is
Of this lone monster scared

For a long time we have told
This story, horrid, awful, true
In whispers we have said his name
And prayed to be spared, too

Even as I write, I wonder
Should the tale be told or not
But it's too late so I'll tell you now
Of the Tonapatchafa.

No one knows, nor dares to ask
Where he comes from, why he lurks
But they say he hides behind the trees
When dark are sky and earth

He's skinny, but beware! He's strong!
Though he looks so very pale
Only a half-man in the night
He hides his strength so well

Stringy hair
Long and black
Tangled from tip to root
And a face his own mother would despise to boot
Only five fingers
Five mangled toes
And only one half of a long crooked nose
One finger to beckon those who come too close
What a scowl
On his face
Oh and when his lips twist
What evil is lurking right there in his midst
Yes, it's true
That he's wicked
A devil of sorts
There are some who say that he is evil reborn

Alright
Now I've almost finished, but wait!

I forgot his sole eye
His bloodthirsty eye's gaze

That cursed eye
Yellow and sharp
To speak of it now
Puts goosebumps on my arms

In that eye, what strong hatred
Quick! Hide or run far!
It's the abominable face
Of the Tonapatchafa.

Wait.

Because I can hear it now
Even though it's been years
I remember it still
That whistle in my ears

The spell is cast
When the whistle is heard
By the man who dares listen
To this false mockingbird

Three notes in the air
Deep, high-pitched, then deep
I go to leave- but I can't
Something holds now my feet

Three haunting notes
Is it only the wind?
Howling, howling
But I know now's the end
A whistle, silence
A ghost brushes by me
A whistle, silence
His only eye finds me

I see his long finger
Beckoning me
My feet follow blindly
NO! My mind screams

In spite of my reason
One foot follows the other
I find myself behind his tree
But how? I can't

Say.
But there's his face!
The abominable face of the Tonapachafa

Now, I can imagine that you all want to say
You're crazy – escape
You're a fool – run away
Impossible to do, but easy to say

The finger and eye seen, the spell has been cast
The whistle is heard, this day is my last
I wish I could say that's it's only a tale
But I cannot lie, for the truth must prevail

So I will tell you
Are you ready?
You're sure?
What happens when one wanders deep in the woods.

The Tonapatchafa
The monster has but hate
For us living here
We, the human race

For once upon a time
He was as one of us
But now we are free
And he is jealous

So he searches all the time
For a body to steal
There can be but one soul
That is spared in his deal

But alas I digress
Where was I in my story?
Ah, the Tonapatchafa,
What he does, it is gory.

It's an awful game he plays
The soul, it is the price
The half-man takes the body of
The loser at twilight

The game is simple, so they say
And you can ask around
The loser is the poor one thrown
Unwilling to the ground

Yes it's true that it's been done
But few are they who've done it
Fight the Tonapatchafa
And live after to tell it

So listen up, I haven't lied
To do so would be bold
When I said there was but one who lives
The honest truth I told

If one fights and if one wins
He's free to go his way
But if one loses, tragedy
In the woods he must stay

And he becomes the whistler
Who always hides his face
Behind the trees, beneath the moon
Never seeing the day

He must stay there until the day
He finds his next sad prey
And that foreboding melody
Works to have its way
The cruel exchange waits for the man
Who struggles and who loses
The soul of the Tonapatchafa
Enters then into him

And he returns then in disguise
To your family, oh how grim!
They think that it is you they see
But they are wrong! It's him!

That's why no one can ever know
Where he hides, it is because
It's horrible, it's terrible
The things this whistler does

That's why no one knows if he lays
In wait there in our homes
Your mother, father, have they ever
Wandered late alone?

When I was young, I used to go
Into the woods at dark
One evening the half-man found me
His whistled, I was caught

You look surprised, you didn't know?
We're everywhere my kind
Those who've met him and have seen
The tree he stands behind

Don't judge too fast, you who knows not
Who has never been the beast
The Tonapatchafa
What would you do if you were he?

So now you know and must beware
You must avoid the dark
The woods belong at nightfall to
The Tonapatchafa

In the woods of that fair land
Where the oaks stand strong and high
The *feu follet* runs after
Those who wander late outside
It's there in Louisiana he
Who whistles to call near
The wanderers of the woods who
Do not know his name to fear

For a long time we have told
This tale at nightfall in our homes
To warn the little children
In the woods walk not alone

So if by chance you hear a sound
His whistle in the woods
Run, now you have been forewarned
Of the Tonapatchafa.

MUTE IN THE COMPANY OF FASCINATING PEOPLE 54

Mary Perrin

Woe is me. My husband is a leader, a big dog, in the Cajun culture movement in South Louisiana, but I speak only a little French.
Often, I'm with him in the company of fascinating people – ministers, ambassadors, writers, professors, and I have to stand there, mute as a post. Where are my words?

I can write a little French, but when I speak, the words don't come.
I can only ask at a farmers' market in France,
"Are these strawberries organic?"
Where are my other words?
They left, running away like the horses at Evangeline Downs.

And besides, my father was a Broussard, it is such a French name, right?
But I must be the only Broussard in the world
whose father didn't speak French.
It just doesn't seem possible, but it is so,
And so I'm still there dumb as a post.

Of course, I took French classes in high school and college,
But it was not the French of my husband or my husband's family.
I'm still an outsider looking in. Without words,
I am neither a real Francophone nor a real Cajun.

LA PRAIRIE GREIG 55

Mandy Migues

Low and flat
On the coast,
But hidden by the marshes.
The Vermilions keep you in their arms.
The cane fields,
the rice fields
the crawfish ponds,
dot your countryside like the little houses where your Tantes and Noncs who live by your house.
The owl spends the night in Mom's big oak tree.
She guards the prairie.

LET'S GO TO LAFAYETTE 56

Caroline Helm

rewritten traditional Cajun song from a female perspective

Let's go to Lafayette
It's to change my name
They're gonna call me
Mrs., Mrs. Canaille Comeaux.
They say I'm too sweet
to play the criminal.
But they don't know me,
one day they will see.
Let's go to Lafayette
to see our little baby
I hold him so tight
but you are out playing.
You leave me here alone
in a town I don't know
but one day will come
and you will regret that.
Let's go to Lafayette
it's to change my name
they are going to call me Ms.
Ms. Jolie Leblanc!
It's true I am a criminal
and I am here in prison,
but at least I am free,
and your spirit is gone.

THE BACK DOOR 57

Caroline Helm

rewritten traditional Cajun song from a female perspective

Last night, he was in town
He got so drunk, he could no longer walk
He came back the next morning,
it was daybreak
and he came in through the back door
This morning when he woke up
He told me to get him some coffee.
I looked at him like "Excuse me?"
you can do it yourself, like you did last night. And I went out through the back door.
He ran after me when I left
I told him to go find that lil blonde he wanted

He looked at me with tears in his eyes
I said, it's too late, now you are on your own.
And you can leave out the back door.

THE PICTURE ON THE ALTAR 58

Adrien Guillory-Chatman

When my Uncle Joseph
Left for the war
My grandmother, she put
A picture of him
On top of her altar
With a rosary
And with a candle
Each night she said
O Mary, you understand
Pray to the fruit of your womb
For the fruit of my womb
Amen Amen

CARPENTER 59

Gracie Babineaux

Dream in the night with the stars above
Glide with the wings of birds
You can go to the moon
If you want a new life

Hey Carpenter, the world turns
Hey Carpenter, I would like to pray

The summer wind
Brings me through the winter
I run to the places that I know
I am scared

Hey Carpenter, the world turns
Hey Carpenter, I would like to pray

IF THOSE SHOES COULD TALK 60

Lisa Trahan

You go out every night with your crew

Your shoes have no soles on the bottom
If those shoes could talk to me
They would tell me everything I don't want to hear

You are leaving me, but in secret
You runnin the roads, baby
You're dancing with all the girls in town
The shoes would tell me what I don't wanna hear

CODOLPH'S LANTERN 61

Jana Cheramie (Ashlee Wilson Michot)

This is Rudolph Cheramie's story but everyone down the bayou knew him as Codolph. Codolph Cheramie! (We butchered all the names in those days, but anyway.) He had a bar that was very famous in that area called the Hubba-Hubba, run by a man named Manuel Toups also known as the Cajun Ambassador, a great storyteller. So Codolph comes into the Hubba-Hubba one day and there is Conjeau Duet telling fish tales. Conjeau says "Oh yes, I caught some mullets big like my arm! Big like that yeah, Codoph! Big like that!"

Codolph was listening and he says, "You're a liar. You are a liar, Conjeau Duet! But let me tell you a story that happened to me and it's not a lie, this one! The other day, you know the bad weather that we had? Well me, I went netting, I went fishing with the big nets! I put the trawls, I put the big nets out, but the weather got so bad that my lantern fell in the water! But do you believe that two days after, when I went, I put out the nets and I caught my lantern and there was still the flame lit in it!"

Conjeau says, "A beautiful lie! You are a big liar, you! There's no chance. Codolph! No chance!"

Codolph says, "But you, Conjeau Duet! Listen what we gonna do: If you cut a little from your fish, I'll turn down my lantern a bit."

And listen! After that all the restaurants, stores, bait shops, they hung a lantern in the place, for Codolph's lantern! So that story is very well known by the people down the bayou, and Codolph, he was known for stretching the truth.

Story told in Franglais by Jana Cheramie, transcribed and translated by Ashlee Michot

THE APRON 62

Earlene Broussard

"I don't have the material for my apron," I say to Miss Jones in such a tiny voice that it's a miracle that she heard me.

"Apron," says Miss Jones who is folding a crisp paper pattern.

"Well, anyhow, I don't have it," I say. My eyes are fixed on the lunch can in my hands. I had hurried to speak with Miss Jones before she left for lunch.

"You can bring it tomorrow, then," says Miss Jones. "The class will have to take turns with the patterns anyway."

"I can't have it for tomorrow either," I say. "My mother says that I'll have to use one of her aprons when we start cooking next month."

Miss Jones gets up from her chair. She is a tall, blonde woman with big blue eyes. Her eyes look even bigger through her thick glasses. She's wearing a blue print dress – the same blue as her eyes.

"You need a apron of your own, Lula," says Miss Jones. "Is there any way you can have your fabric this week? As quick as you are with your projects, you'll have no trouble finishing your apron right along with the rest of the class."

"No, Ma'am. We don't have the money, Mom says," I say, trying to swallow the shame that is rising in my throat.

While waiting for her response, I'm thinking, "Why does she have to ask so many questions? Just to make me say it? I just knew she was going to do that to me. Make me cry 'cause we don't have the money to buy that darn fabric for an apron that I don't even need. Mom already said that I can borrow one of hers. Thank God that the whole class is not still in here."

"Oh, Lula," says Miss Jones, "I didn't realize. I'm sorry. Sure you can use your mother's apron."

"Thank you, Ma'am," I say with a sniffle. "Bye."

I go out into the bright winter sunshine to meet my friends who have already opened their lunch cans under one of the big oak trees in front of Gueydan High School. It's a cold January day. I don't remember what Mom has packed for lunch today. I don't care. It will be either a fried egg or peanut butter on a biscuit. We have not killed a pig since Christmas, so there are no more *gratons* to eat with cold rice. The sweet potatoes are gone, too. Mom always says that this is hard time, the time before the spring garden.

I don't say a thing about having talked to Miss Jones even though Eveline asks why I'm late to lunch. She is so nosy! I know that she'll be the first one to ask me why I'm not working on my apron. Mom says that it takes all kinds of people in the world, but I do not like nosy people.

In my lunch can I find a big piece of cornbread. Mom has cut it in half and spread fig preserves between. Yep! Hard time is here, all right. In summer when we can figs, Mom always says that we can't eat a lot. They are for hard time, she says. She talked to me about the hard time last night when I talked to her about the fabric for my apron.

"I don't have any more fabric in the armoire," said Mom. "I used the last piece for Virginia's Christmas dress. I couldn't let her go to the confirmation Mass with the same old dress." Mom seemed to be talking to herself.

She was stirring a thick pudding. She measured a tablespoon of vanilla and I watched the brown streaks of vanilla disappear.

"Miss Jones says that we have to have it for tomorrow," I said.

"I thought I was buying enough fabric when I ordered from the Chicago Catalog last autumn," said Mom. "I guess that I don't realize how fast you are growing up."

"Some of the girls bought their fabric this afternoon at Doss & Sons," I said. "I could maybe buy mine at noon tomorrow."

"Oh, I don't know," said Mom. "We have to talk to your father about the money." The steam from the hot pudding rose to my face when she poured it into a big bowl.

"What do you think he's going to say?" I said.

"It's really hard time, Lula," said Mom. "Your father has not yet sold the few pelts that he trapped. I can't sell more eggs at Wright 'cause then I won't be able to feed you at noon. Work in the fields has not yet started so that your Pop can earn a bit of cash."

My mother pushed back a curl from her brow. I knew she was trying to find a way to help me by the way she was rubbing her forehead while looking into the future.

"Go do your chores now and you will talk to your father when he comes in," said Mom.

Sitting under the big oak tree in front of school eating my lunch, I'm thinking, "Why does Mom always have to talk to Pop about everything? She can never make up her own mind. I wonder if that's the way it's going to be when I'm going to get married? I wonder."

I empty the crumbs to the ants that are bothering us. I wipe off my lunch can, and after, I place my little napkin in it and cover it with the lid.

"When it's done, it's done," I say, "and an apron is an apron, no?"

"What did you say?" says Lillian. "You haven't said a word all lunchtime and now I don't understand a word of your mumbling."

"Yeah, and you better watch it," says Eveline. "If Mr. Bush catches you talking French on the school grounds, you'll mumble for something."

"Oh, nothing," I say. "Just thinking about Pop."

"Pop," I said, "we finished studying the book about how to sew simple things, so now we have to sew an apron to protect our clothes when we cook."

Pop was washing the mud from his feet and legs on the porch. I wasn't sure he was listening to me.

"Everybody has to have one, Pop," I said.

"Talk to your mother about that," said Pop.

"I already talked to her, but she said that there's no more fabric on the shelf in the armoire," I said. "I need some for tomorrow. I could buy some at Doss & Sons at noon."

"I'm afraid that there's no money for a darn apron, MaLul," said Pop. He threw the dirty water across the yard. "Talk to your mother so she can lend you one of hers when you cook. An apron is an apron, no?"

"An apron is an apron, no?" I say.

"What did you say, Lula?" says Lillian.

"Nothing," I say.

"You're going to write lines today for sure, you," says Eveline.

"What?" I say.

"You better stop speaking French on the school grounds, Lula," says Eveline.

I'm already feeling a bit stunned, and when I realize that I have been speaking French on the school grounds, my heart starts to beat a hundred miles an hour. I look around and behind me but I don't see the principal. I'm thinking, "I sure hope that Eveline doesn't tell Mr. Bush! I'll really have trouble then. Well, it won't be the first time."

"What color is the material for your apron, Lula?" says Eveline.

"Well, huh, I don't know, huh..." I say.

"What do you mean you don't know?" says Eveline.

"I have to be excused," I say. I take off running, leaving Eveline and Lillian to their gossip.

"The bell is going to ring soon," I'm thinking. "Then, we are going to be in Home Ec class and all the girls are going to be showing off their fabric. Everybody but me!"

While waiting for the bell, I'm thinking, "I don't care if I don't have a apron. Why do I need one anyway? I can sew one any old time. I mean, Mom said that I can use her best apron with that beautiful embroidery, the one Tante Tessa gave her for Christmas. I don't want to make one of those ugly aprons! I'll be able to study my Algebra. I hate Algebra a whole lot more than those darn aprons."

I jump at the sound of the bell and I say, "An apron is an apron, no?"

"Lula," says Miss Jones, I need to talk to you at my desk."

I'm hardly through the door when I hear my name. My Algebra book falls to the floor.

"Yes, Ma'am," I say, but first I go to my table to leave my books.

The class is in complete chaos. The girls are unfolding yards of broadcloth, floral prints, stripes, small and large checks of all colors. The girls are showing off beautiful buttons, rick-rack, even lace. Everyone is talking at once. I'm happy that they are too busy to notice that Miss Jones has called me to her desk.

"Yes, Ma'am, Miss Jones," I say.

"I went to pick this up for you at Doss & Sons," says Miss Jones. She gives me a small package, nicely tied with string. "Go ahead," she says. "Open it."

"It's some material," I say, looking at the piece of blue broadcloth. I'm there, totally charmed, smoothing out the fabric, picking up the notions one at a time. "There's thread and buttons and navy blue rick-rack, too," I say.

"I hope you like the color," says Miss Jones.

"I do," I say. "It's the same color as your dress."

"Why, yes. You're right. It's dusty blue," says Miss Jones. "Well, now, go find out whether someone else bought this color. Go ahead."

"My material is dusty blue," I say to Lillian.

"My mother made me get navy blue gingham," says Lillian. "She says that it's gonna stay cleaner."

"Poo," says Eveline, "maybe it won't show as much as on these pink flowers I got, but dirt is dirt no matter what."

I'm thinking as I look around the room, "I'm glad that my fabric is not stripes, not floral nor plaid nor checks. I'm the only one with solid blue. It's going to be easy to pick out my apron hanging in the closet. Oh, this fabric is so beautiful! I'm so happy that Miss Jones chose this one for me."

"Hey, Lula," says Lillian, "you dropped this from your package."

When Lillian gives me the slip of paper, I see that it's a receipt from Doss & Sons. It reads:

2 yds x 30¢	*60¢*
thread	*5¢*
buttons	*15¢*
rick-rack	*15¢*
Total	*95¢*

I sit there, paralyzed. I'm thinking, "95 cents. How can I be so stupid? Of course, I have to pay for this. 95 cents. Where am I going to get 95 cents? How am I going to tell Mom about this? What do you think Pop is going to say?" I put the lemon-yellow receipt into my Algebra book.

"Miss Jones bought some material for me today," I said.

"What?" said Mom. Her fingers stopped sorting through the rice.

I explained everything from the beginning. Mom was looking for seeds and straw in the rice as I was talking. When I stopped talking to think or breathe, she would throw a bit of rice in the air and blow through it to remove the fine straw. When I finished my explanation, the rice was ready to wash.

"Your father is not going to like this, MaLul," said Mom.

"Why do we have to tell him?" I said.

"Because if we don't tell him and he finds out from someone else, it'll be twice as bad," said Mom. "Oh, we have to tell him. Here. Go wash the rice and I'll get some onion tops for the potato sauce."

While I was washing the rice at the pump, I was thinking, "Why am I the one with all the bad luck? Virginia never has this kind of problem. If she needed, she'd go ask Grampa Numa to give her a dollar. She's his favorite. He would give it to her, no questions asked. If it were Roy or Loyfa, they could work after school or something. Oh, gosh, you are silly, MaLul! They would never need a apron! Imagine Roy in a apron! Well anyway. If it were Mae Rose, Mom would have asked Aunt Rosa if she has extra fabric from the Sears or the Montgomery. But no! It's for me. I'm not the oldest, I'm not the youngest, and I'm not a boy. Nobody loves me!"

"Lula, what's this I hear about this damned apron?" said Pop.

I was so busy that I had not noticed him coming in from the barn. He was not happy. I knew that because he called me Lula and not MaLul like he usually did.

Pop pumped water into the tub to wash up. I explained it all again, like I had before.

"I'll have to miss a whole afternoon of work to go see about this," said Pop.

"But why?" I said. "That's what happened. What can you do about it now?"

"You tell me that's the story," said Pop. "I'm going to get to the bottom of this myself."

"But I'm telling you the truth," I said, starting to cry.

"The daughter of a poor *Cadien*, *hein*? Well, I'm going to tell them a few things about *Cadiens*. She's sure not one of us with a name like *Jones*. She's one of those Americans from north Louisiana who come here to make fun of us when times are the hardest. I'll talk to her about buying something without being asked and then sending the bill."

"She didn't send the bill, Elie. MaLul found it in the package," said Mom who had come out of the kitchen door.

"I'm going to talk to Mr. Bush, too. If the principal can't control his own teachers better than that, he needs a few pointers."

"Pop, please don't come to school," I said. "I'll take care of this myself. I don't want you to say anything to Miss Jones or to Mr. Bush."

"So, you are ashamed of your father. Is that it, Lula?" said Pop. "After everything that I do to raise you? I struggle to send all five of you to school to give you a better future. I could have y'all in the field like others around here. But, no. I send you to school and just look at what I have to endure!"

"The food's on the table, Elie," said Mom. "Why don't we talk about this after supper?"

Pop and Mom never called me after I finished my homework. I went to bed wondering if Mom had succeeded in getting Pop to change his mind about coming to school. I was keeping my fingers crossed.

When the rain on the tin roof woke me up, it was even colder in the room. I knew that it wouldn't be long before I'd hear Mom in the kitchen.

In my warm spot in the feather bed under the thick, heavy quilts, I was thinking, "I knew it was going to be a bad weather day! A freezing drizzle makes us feel that the mile and a half we walk to the bus is three miles. I hope the rain doesn't turn to sleet! Oh, but then, maybe Pop won't come to school. The mules don't like pulling the wagon through the mud. If only poor Pop had a horse. No, MaLul! Thank God he doesn't, 'cause if Pop had a horse, he'd be at school for sure. It's sad though that Pop doesn't have his 1928 Model A anymore. That little car could go fast, yeah. 'Damn Depression,' Pop always says."

"MaLul, it's time for you to get up," said Mom. "Dress Mae Rose well. You hear?"

"Lula," said Virginia. "Tell Mom that I'm sick. I have a sore throat."

"Huh, you don't have any more of a sore throat more than I do," I said. "It's just that you don't want to go out in the cold rain. You not gonna melt, no. Get up."

"I hate school," said Virginia.

"Not me," I said. "I only hate Algebra, and if Pop comes to school today, I'll hate that."

"He says that he'll be there about noon," said Mom who stood at the door of our room. "Hurry it up, girls. It's later than you think. We won't see the sun today. The weather will be overcast all day."

All morning long, I'm thinking about the moment when Pop will arrive at school. I can think of nothing else.

In World Geography, Mr. Bush asks me to read, but I can't find the right place in the book. Everyone laughs at me. Later, I bump into Miss Evans in the hall when I'm going to English class. I don't like her mean face.

I didn't tell Miss Jones about Pop coming, just in case that he doesn't make it. Maybe he won't come. I'm thinking, "Noon should hurry and get here."

Since it's raining, we have to eat lunch in the big hall. We have almost finished when Pop opens the door and lets in the cold north wind. A shiver runs down my back. He takes off his hat and bangs it against his knee to shake off the rain. A few drops of freezing rain fly on us across the hall.

I get up to go meet him and I'm thinking, "This isn't the porch for you to shake your hat, Pop. Why have you come here to embarrass me like this? What can you say to Miss Jones and Mr. Bush anyway? You don't understand a word of English and you can't say anything except 'Yes' and 'No.' I'll just die of shame if I have to say those ugly things to Miss Jones. She's going to think that I agree with you."

"Hey, Pop," I say.

"The weather is pretty bad," Pop says. "I would have been here earlier, but the mules got bogged down at *l'Anse Levi*. I had to get some help to get them out."

"The school bus route isn't too bad," I say.

"Yea, I'm going to go home that way," says Pop. "But I didn't come here to discuss the weather."

I lead Pop to Miss Jones' room. I'm happy to see her sitting at a table through the crack in the door. I knock.

"Yes," says Miss Jones.

"Miss Jones," I say, "my father wants to speak to you, please."

"Come on in, Lula," says Miss Jones.

I open the door. I'm surprised to see Mr. Bush get up from the other side of the table at the same time as Miss Jones. "We don't mean to disturb you," I say.

"Not at all. We're just having a cup of hot tea," says Miss Jones.

"It's a pleasure to meet you, Mr. Meaux," says Mr. Bush, as he offers to shake Pop's hand.

"Would you like a cup of tea, Mr. Meaux?" says Miss Jones.

So, I ask Pop in French if he wants a cup of tea. I know he's going to say no. He hates tea. He says that it's just *les Américains* who like tea. Then, I have to tell Miss Jones, "No, thank you, Ma'am." I'm thinking while staring at the floor, "This is going to take forever! The bell is going to ring before I finish telling them everything on Pop's mind."

"What can we do for you, Mr. Meaux?" says Mr. Bush.

"I came to pay you for the fabric that Miss Jones bought for MaLul yesterday," says Pop. "Here's the dollar."

"I don't understand," says Miss Jones.

"MaLul brought this bill home and she said that you bought her some fabric," says Pop. "Is that true or not?"

"Yes," says Miss Jones, "but I don't expect for you to pay for it. You should have talked to me about this first, Lula."

"Miss Jones, I appreciate everything that you are doing for my daughter," says Pop. "I'm trying to send my children to school in this hard time. I tell them all the time that an education is the only thing that nobody can take from them. It's the one thing that they cannot lose. I want them to have a better future than mine."

"You can be proud of your children, Mr. Meaux," says Mr. Bush. "They work hard in their books."

"I'm happy to know that," says Pop. "Well, I want to pay this debt and go on home. Here's the dollar."

"You don't owe me anything, Mr. Meaux," says Miss Jones. "I was glad to do it."

"We don't take charity, Miss Jones," says Pop. "I pay my debts. I'm the one who's going to buy that apron for my daughter. No one else. Do you hear? Now, take this dollar or MaLul is going to come home with me right now."

"Very well," says Miss Jones, taking the dollar. "Thank you very much, Mr. Meaux."

"You are welcome, Miss," says Pop. "I have to go. You can finish your tea now. Thanks, Mr. Bush. Thanks, Miss Jones. Come, MaLul."

I walk with Pop to the front door. It's curious that no one has gone to class. Then, I remember that it's Mr. Bush who rings the bell. Everybody is watching us and I see Eveline say something to Lillian, but I don't care. Pop has bought my apron and he has not made me say ugly things to Miss Jones. The bell rings right when Pop looks out to check the weather.

"Thanks for the apron, Pop," I say.

"You're welcome," says Pop. "Sew it carefully now." He smiles a little and his eyes twinkle.

"I promise, Pop," I say. "I promise."

"Remember, my girl, an education is the only thing that they can't take or steal from you." He's all serious again.

"Yes, Pop," I say.

"Bye," says Pop.

I watch him go out into the rain and the north wind. He seems to be taller than ever. I think for a moment that he won't make it out of the door 'cause he looks so tall to me.

I'm thinking as I run to Home Ec class, "An apron is an apron, no?"

"No!"

LOUISIAMAISE 75

Michelle Verret Johnson

During my years at the Acadian Memorial, one of the docents told me that names permanently engraved, like that of a tombstone, become the eyes of the person's spirit – that those long – dead Acadian ancestors can be felt with such an invocation as the Wall of Names. As I embroidered each name on my family tree, I imagined giving them such a window into my life. A window into the present.

As I formed each name in thread, especially the women, I meditated on that person. I wondered who these women were, if they were good, bad, special, or particularly beloved or respected. With each name, I remember them; with each memory, they live again. These women will not be forgotten.

KEEPER OF THE CHAMBER POT 76

Michelle Verret Johnson

"Hey, *chère*, I got something for you," called my mother from the other room.

"Yeah, what's that?"

"The POCHOME!" she said with a laugh.

The chamber pot. My *pot de chambre*. Instantly memories rush over me, memories of thunderstorms, of my grandmother's crochet lace bedspread, and of my grandmother, sleeping next to me with her hair wrapped in a satin kerchief. Memories that smell of Mentholatum.

My grandmother, with whom I spent much of my childhood, had ideas about thunderstorms.

"Don't pick up the phone!"

"No running a bath!"

"Don't even look at the toilet! If you have to go, *chère*, use the pot."

That is, use the chamber pot, placed under a convenient wooden stool in the corner of the bedroom. Every time we had a storm, I had to piss in that damn pot. My brother, mother and father, never suffered this indignation. This seemed a ritual saved exclusively for my visits.

Today, I smile to myself when I remember those days, and those long, stormy summer nights holding my pee. When I look at my grandmother today, I see a woman who would not think twice to use the toilet in a storm. She cannot squat so low in her 90s. But until a few weeks ago, she still had that pot tucked away in her room at the assisted living. There's too much clutter in her apartment.

I looked at my mother, "THE pochome?" I asked.

"Yes! I cleared out some things from your grandmother's apartment. If you don't want it, I'll take it to the Goodwill."

More memories surface, older memories. Memories told to me by my mother, my grandmother, of women long dead. Memories of a great aunt who was so terrified of thunderstorms, that she would throw a towel over her head and scream bloody murder until it was over. Other women who would shake and cry, those women who could not bear to be alone during a storm. Those poor widows who suffered alone, their screams piercing the silence alongside the thunder.

There are so many thunderstorms down south, each with its own drama. But where did this fear come from, some deep genetic memory of time long past? Some vague memory of terror during a storm that has been imprinted on our DNA, passed down from one woman to another? Were there storms during the *Grand Dérangement*? I have no personal memory of fear during thunderstorms, but I have strong memories of using a chamber pot.

"MY pochome?!" I exclaimed. "You can't take that. No way. I can't have the pochome that I used to piss in for sale at the Goodwill. I'd be so *honte*!"

Ah! Now, I understand why my grandmother held onto that pot.

My pochome at Goodwill? NEVER.

LITTLE POEMS ABOUT POITIERS 78

Erin Segura

ARRIVAL

While drinking a double-coffee
and wearing my raggedy sweater
I think of you constantly -
Welcome to Poitiers

DEPARTURE

No desire to travel
no desire to celebrate

just the desire to stay
to see you in Poitiers

SAVOY FAMILY WALTZ 79

Ann Savoy

I am going to cross the field
Over there where the birds
Are flying, yeah
That's my dear one's house
It was so long ago, I didn't know
Well, I hadn't realized
How much I love her
Yes, her dear little heart, so loveable.
And when I will arrive
I will always take care of her
I will hold her in my arms
And I will never leave her
The fog is rising
My ideas are clearing
And I hope she will not blame me
That's my dear baby's house
The years will pass
A heart can forget
I see now that she is the only,
The only treasure in my life

WE WILL WALTZ 80

Moriah Istre

I was dancing in his arms on a chilly night
Teasing like friends and loving in the moment
The silence was broken only by the fire and wind
And then by my trembling voice…I thought out loud

I won't always be pretty
Instead of this peace, craziness
It's scary to see the changes in our lives
I want to know your thoughts even if they hurt
Tell me the truth and be honest…then I heard him say

We'll always waltz
Through every season of our lives
We'll always waltz

Your beauty, I'll never forget
No one can take your place
I want you by my side
I came in through the back door
There was a ruckus inside
I saw my wife, a mother, running after our little children
I couldn't help but feel so much joy
And then a moment of hesitation…I thought out loud

I won't always be strong, my youth is going fast
I won't always be able to work in the future like I can today
Sometimes I'm afraid that it's not possible
To give you everything you deserve…then I heard her say

We'll always waltz
Through every season of our lives
We'll always waltz
There's only you who will kiss me, who will take my hand
No one can take your place
Change or don't change, it's fine for me

I want you by my side
Change or don't change, it's fine for me

AT THE BOTTOM OF THE LAKE 82

Anna Laura Edmiston

There's a rock at the bottom of the lake where my love is asleep
There's a lake below the bridge where he cried
Buf if one day he decides to come back to the surface
Maybe I'll be able to console him.

Refrain:
The sky was so beautiful before you brought the rain
But we get used to being inundated
I miss the flowers and the sun during the day
Give me back all that you took from me.

There's unhappiness scattered throughout the house where he loved me
There, where we he him crying, still
You can hear the echoes of all of the years we spent
Falling in love.

NOSTALGIA 83

Renée Theriault

It's a dangerous path to stir up the past
But I find myself there often
Why should I feel grateful
To have so many memories
It's a sweet poison that hurts
Yet, I drink it too often

OUT OF PLACE 84

Valerie Broussard Boston

Out of place: When you start to forget the words of songs that were in your head before leaving.
Adapted: When you realize that your new phase of life isn't really that bad, but you miss a bunch of stuff anyway
Mastered. Easy-Master. Two different periods of study.
Me: a Militant Woman turned Military Wife

I CHANGED MY MIND 85

Elle Angelle

I changed my mind,
This isn't what I thought.
I don't want this,
And I don't want you.

I'm not sorry,
but you're not the man for me.
I changed my mind,
This isn't what I thought.

My heart is too strong,
and my spirit is too bright
to let myself be "happy"
with a man like you.

I changed my mind,
this isn't what I thought.
I refuse to be unhappy,
and for that, I am not sorry.

GIFT 86

Chère Amie

My mother cried
Oh unhappiness!
A woman
Unhappy in this life
Her dreams eaten by
Her own *Cauchemar*.

Oh Unhappy woman!
Unhappy
She told me
Until the end
But my mama wanted
A change for me.

Not to be a miserable woman! From my mouth
For this gift, this gift, I say

Thank you Mama.

YOU KNOW 87

Louisette LeBlanc

You came to find your pretty blonde,
Your dear rosy cheeks,
Your dear lil' heart,
By the sea,
To bring her to see the rest of your lil' world.
Even though we needed to take a break,
We dreamt of the same thing.

You know,
Me too, I didn't know how I would do.
You know,
It's not just you who had sorrow.
We'll find a way,
I'd tell myself.
The colours blend themselves often,
Like the tunes,
At the Blue Moon.

The time passed.

The roads, you rolled.
You hunted for other hearts,
Leaving only traces of woes.
You won't be with me anymore.
But our eyes will still feel the joy.
They'll see.
I won't forget you.

The fires, they calmed themselves,
And then, I found myself again.
My boots led me forward,
To find another lover.

You know,
I was happy,
It was time to share,
To play, to dance, to sing, to explore.

Your eyes were shining next to the burning blocks,
The smoke was dancing past midnight,
When we got taken away,
By the stars of the night,
Lil' bit by lil' bit.

I wanted to be more than a dear lil' girl,
I wanted to be your dear lil' woman.
But you were leaving me,
And, did I ever cry.

You know,
You always tried to find your place,
And you never had a place for me.
You always pondered your thoughts by yourself,
But often I think you just wanted my words,
To play in your songs.
If you go on singing,
Of your "dear unhappy woman",
Don't forget when you sing,
"You left me so you could go away",
Why didn't you come join me?
But why is it just up to the woman to stay?
So you can leave me here all by myself?
Your dear baby.
Look in your mirror,

And don't forget,
An unhappy man,
Makes an unhappy woman.

You know,
I had a lot of suffering,
Some real pain.
I just wanted you to hold me in your arms,
But you didn't want to come care for your lil' woman.
You just wanted a pretty girl,
To tell others.

Don't go sayin' that it's 'cause she didn't want to marry you.
It's that you didn't know how to really love her.
Speak to us of drinking, no not of marriage.

Now, me, I'm gone,
I've closed the back door,
I'm still wise,
And I'll be passing through the front door.

You know,
We choose an unhappy woman,
As much as we choose our unhappy man.
Maybe a day will come,
Where we'll regret all that.

I don't know.
That was your favorite line.
But me, I think that you knew all the time.
You know?

I'M NOT TO BLAME 91

Megan Brown Constantin

I'm not to blame for your misery
I'm not to blame for your pain
You've cheated yourself from a life of love and happiness
So darling you're the one, take the blame

There was a time when you cared for me
You shared your love and your kisses
But now your love is gone
I've moved on, I'm not to blame

I'm not to blame for your tears
I'm not to blame for wasted years
You've cheated yourself from a life of love and happiness
So darling you're the one, take the blame

What a heaven I had found
Our lives so tightly bound
But now I find myself alone
I've moved on, I'm not to blame

ARMANTINE'S DANCE 92

Monique Verdin

"You can't stop dancing in the middle of the dance"
"Tu peux pas arrêter de danser endans le milieu de la danse."

Monique's grandmother Armantine said this after riding out Hurricane Katrina at her home in eastern St. Bernard Parish in 2005.

THE CROW LAYS IT 93

Florella Vigé Inhern

Here are some little sayings collected from Mrs. Florella Vigé Inhern, 91, of Opelousas.

According to my grandmother, Celima Breaux Legé of Prairie Ronde: when a woman was with child out of wedlock but didn't know who the father was it was said:

But dear, who's the father?
Well, I don't know. The crow lays it and the sun hatches it.

THE WAVES 94

Leah Espinoza

The waves fall on the coast
The birds call themselves to each other
The sun shines on the water
And illuminates all of the fauna and flora
The water shines with different greens and blues
The ocean brings peace to the people all around us

THE ASTRONAUT GIRL 95

Jade Boudreaux

Maybe the astronaut girl doesn't need sleep.
My hair is the color of galaxies and
My hands are born to universes.
I speak in stones and molecules, then I let molecules dress in the echo of my voice like clothes.
Time darts back and forth, a salamander running between water and land, between past and
future, he says.
I say, They say they can't catch fire.
Some days he tries to catch my molecules. Other days, my salamanders.
But every day, I burn.
Maybe the astronaut girl doesn't only dream in decimals
But sometimes fractions, too.
The arithmetic of my eyes multiply space.
I tell the ocean stories, and it turns over like a restless child.
I know it doesn't matter.
He still writes letters to the colors orange and yellow,
And he tells them stories of my eyes.
Far away, I let the stars return his letters.
The future has no shore, they say.
I try to find it anyway.
The tide needs no place to rest, they say.
That's fine, I'm not tired.
And far away, I make the planets blink awake while the moon undoes its brickwork and starts to
build again.

THE LITTLE *ENVIE OF THE BAMBOCHEUSE* 96

Brooke Broussard

My mother sings like an angel.
And my feet are brown with mud.

The blood on my feet is brown and blue -
like the earth,
like the sea.

I drink and I fall in the middle of Abbeville.

Maybe my songs make an angel of me,
like my good mother.

I believe I am sacred
Because they are the songs of my mother.

I WILL BECOME AN OLD WOMAN 97

Kara St. Clair

I will become an old woman.
My hair will turn gray.
My face will change with wrinkles and
my hands will turn into strange shapes
like bare trees
who grow from cold earth.
I will slowly go
to greet you when you
knock at the door.
I'm going to ask you to take off your boots
and I'll tell you to admire the pictures of my grandchildren
with blond hair
smiling
with missing teeth.
I'm going to say how him,
He looks like Pop
and how the youngest
is *canaille canaille*
and I'm going to close my eyes
and laugh.
I'll show you the picture of the wedding and
I will tell you that
nobody ever realizes
the beauty
love
joy
of life and then
it's too late.
I'll tell you that the only things I have left
are my health
and my house
But you know that the photos
on the wall
tell a different story.
And you,
you're going to secretly hope that you're going
Become an old woman
with gray hair
with wrinkles
and hands
like bare trees
who grow cold earth.

LAST NIGHT SOMEONE TOLD ME 99

Clélie Ancelet

Last night someone told me that my French is aggressive
That Louisiana French seems aggressive.
As if our words and way of speaking are aggressive
And it wounded me.
How can he hear the words
That I learned from you
And Mama
And Mamie
And Papa
thinking it's too harsh when,
in my opinion,
It's warm and sweet and all I miss every day?
I know we talk hard.
I swallow my words.
And our phrases are different.
But how can I explain
The sweetness and tenderness of my childhood
With someone who does not even believe that I speak a real French.

IN THE FUTURE 100

Clélie Ancelet

I have never been able to scream on the bayous.
Like paddling for prayers
lost in the mud that
takes and takes and keeps me trapped
in a place where the dirty water
bleeds vermin red rather than Vermilion.
But no,
I was born on the prairie
where the oak trees cut
not even the colors of the sun
and hay
flows with the wind
to make sacred the cowpaths
formed into rivers.
There we walk and waste time
talking sweet
towards God all along the horizon.

ACKNOWLEDGMENTS

Additional edits and translations by Erin Segura
Design by Megan Barra
Embroidery by Michelle Verret Johnson

Thanks to my family especially my husband Louis for giving me the time an space to create this book and to our sons Julien, Louis II and Marius Michot, Shawn and Ben Manuel, Haley Wilson Hammonds, Kay Michot, Tommy Michot, Amy Warfield, Katharine and Raffaele Marino, Andre and Johanna Michot, Anne Meleton, Juliane Mahoney, Joshua Caffery and family, Mary Duhe, The Center of Louisiana Studies and UL Press, Megan Barra, Michelle Verret Johnson, the Greg Hammonds family especially my nieces Abby Kate and Avery Ryan, the Michot and Meleton families, the LaTour family, the Eastin family, Papa Burke Eastin, Nannie Laine and King, Uncle Den and Deb, the LaHaye family, Janet and Lisa, Bobby and Samantha LaTour LaHaye, Meggin Eastin Whitmore, Deke Eastin, Gene LaTour, Billy Eastin, Matt Eastin, Aubrey Joan, Sophee and Lilee LaTour, Opal and Olive Eastin, Jasper and Eastin and the Whitmore family, Venice, Effie Michot and Rebecca Keating, Pat Soileau, Paula Soileau, Aunt Celia, Nanny Kathy and Kathryn Coldiron, Sylvia Morel, David Cheramie, Chase Cormier, Anya Burgess, Marie Olivier Foley, Mavis Frugé, Amanda Lafleur Giambrone, Brenda Mounier, Debbie LaGrange, Michelle Fontenot Thistlewaite, Hanna Lemoine, Judith Meriwether and KRVS, Brad Juneau, Brooke Broussard, Mandy Migues and Karl Schott, Cheryl Cockrell, Barbara Johnson Vautrot, the Wilsons, Dad, Aunt

Stacy, Todd Wilson, Linda Wilson, Paul Brant and Alice Harding Shackleford, Jean-Douglas Comeau and the Université Sainte Anne, Wade Falcon, Bryan LaFleur, Cory McCauley, Nicole Muise, Mrs. Wendy LaHaye, Lian Cheramie, Lauren Hémard, Mademoiselle Wanda Joubert, the Horowitz-Gray family, the Bornes, Winky and Chicken Aucoin, Kara St. Clair, Andrew Suire, Justin Scott Lafleur, Maggie LaHaye Sevin, Kate Lemoine, Korey Richey, Corey Ledet and Soul Creole, Kirkland Middleton, Janet Soileau, Lisa Daire, Danica Prudhomme, Josh Soileau, Holden Veillon and family, Elena Fonetnot, the KVPI family especially Martel Ardoin, Charlie Manuel and Jim Soileau, Annona Balfa, Marshall Blevins, Erik Charpentier, the Brasseaux Family, and the Shawn Prudhomme and Kerry Soileau familes of Point Blue.

Special thanks to all of the women who contributed to this collection, all the women and men who carried this language to us, and those who will carry it into the future.